逻辑时空 刘培育 主编

倡导理性 恪守逻辑 正确思维

290个为什么？告诉你逻辑是什么

咬文嚼字的逻辑
（修订版）

李衍华 / 编著

北京大学出版社
PEKING UNIVERSITY PRESS

图书在版编目(CIP)数据

咬文嚼字的逻辑:修订版/李衍华编著. —北京:北京大学出版社,2019.7
(未名·逻辑时空)
ISBN 978-7-301-30524-9

Ⅰ. ①咬… Ⅱ. ①李… Ⅲ. ①语言逻辑学 Ⅳ. ①H0-05

中国版本图书馆 CIP 数据核字(2019)第 095952 号

书　　　名	咬文嚼字的逻辑(修订版) YAOWEN JIAOZI DE LUO JI (XIUDINGBAN)
著作责任者	李衍华　编著
责任编辑	魏冬峰
标准书号	ISBN 978-7-301-30524-9
出版发行	北京大学出版社
地　　　址	北京市海淀区成府路 205 号　100871
网　　　址	http://www.pup.cn　新浪微博:@北京大学出版社
电子邮箱	zpup@pup.cn
电　　　话	邮购部 010-62752015　发行部 010-62750672 编辑部 010-62750673
印　刷　者	三河市北燕印装有限公司
经　销　者	新华书店
	650 毫米×980 毫米　16 开本　13.75 印张　166 千字 2019 年 7 月第 1 版　2025 年 3 月第 5 次印刷
定　　　价	42.00 元

未经许可,不得以任何方式复制或抄袭本书之部分或全部内容。
版权所有,侵权必究
举报电话: 010-62752024　电子邮箱: fd@pup.cn
图书如有印装质量问题,请与出版部联系,电话: 010-62756370

总　　序

2005年,"未名·逻辑时空"丛书第一批书问世,到2010年共出版16种。

这套书的问世,受到了广大读者的欢迎。我和出版社收到大量读者来信。有人说,过去对逻辑不了解,读了"未名·逻辑时空"丛书以后,感到逻辑就在我们的身边,很有用。有人说,过去听说逻辑很抽象,很难学,这次看了"未名·逻辑时空"几本书,基本意思都懂了。有位读者还"说声对不起,我过去误会了逻辑学"。湖南一位高中同学发来邮件,说"未名·逻辑时空"丛书她看见一本买一本,至今还差两本没买到,希望我帮她买,她要保存一套全的。

这些年,我多次参加逻辑学研讨会,很多在高校教逻辑的朋友对我说,"未名·逻辑时空"丛书是他的教学参考书,书中很多实例和点播他都讲给学生们,学生很喜欢。

几年前,中共中央宣传部、文化部、教育部、科技部、广播电影电视总局、新闻出版总署等九部委联合主办中华全民读书书目推荐活动,把"未名·逻辑时空"丛书首批推出的七种书全部列入了"知识工程推荐书目"。

读者的厚爱激励着出版社,也激励着作者们。经过两年多时间的酝酿和筹划,我们决定对"未名·逻辑时空"部分图书陆续修订再版。我们希望修订后的图书更贴近社会实际,更好读,更好用。

我钦佩北京大学出版社的社会责任感,钦佩他们的远见卓识。我钦佩"未名·逻辑时空"丛书作者们修订自己著作的热情,钦佩他们严谨的治学精神。有的作者已是耄耋之年,有的作者欣然将三十多万字的原著压缩了近一半。我向他们致敬!

中华民族正在为实现伟大复兴而奋斗!我们面临着复杂的国内外形势,面临着许许多多以前没有遇到过的新情况。我们要意气风发,同时我们要保持理性,要冷静地、科学地分析形势和问题,做出好的决策,再将好的决策落到实处。学习逻辑学有助于我们提升逻辑思维素养,培养科学理性精神,我希望"未名·逻辑时空"丛书能尽微薄之力。

欢迎读者们批评指正。

刘培育

2019 年 4 月 10 日

修订版序言

当今世界是一个日新月异、复杂多变的互联网时代。人类的思维空前活跃,大数据下的科技创新,高端智能的新技术、新产品层出不穷;网站平台、微信博客,海量信息在手机之间横扫时空。交流信息的语言世界,各种奇葩式的语言表达如百花绽放,令人应接不暇,由粉丝、网红、卖萌、创客,到拥趸、互怼、脑洞、甩锅、颜值、吃瓜等,不一而足。

随着时间的推移,大浪淘沙,清浊自现。有不少反映时代特征的新词网语被大众认可,如"互联网+""新常态""正能量""获得感""共享经济""工匠精神""砥砺奋进"等,有些则逐渐被淘汰,淡出历史舞台;而那些历久弥坚活在人们日常口头上的金句,如"打铁还需自身硬""撸起袖子加油干""喊破嗓子不如甩开膀子"等则更接地气,更加彰显语言的生命力,被广泛传诵。

但在社会生活各种语言应用的领域,尤其在公共宣传用语中,字词差错、语言失范、逻辑混乱的现象仍常有出现。如某地公安宣传牌中,上一句是"举报毒品违法",并列的下一句是"犯罪活动有奖",把完整的一句话分为上下两段排列,割裂语义造成两个错句,易引起误解。又如春节期间某地宣传标语"自觉维护法律严肃性,严厉打击禁止燃放烟花爆竹行为",句中"打击禁止……行为"等于"不禁止……行为",与宣传原意相反;而且将"打击"与"禁止"连用,对"燃放烟花爆竹行为"究竟是"禁止"还是"打击",概念不明,应依据相关政策予以准确表达,等等。

当前正值新时代开启之时,也正是弘扬优秀传统文化,提高文化自信,加强科学思维教育的最好时机;净化语言环境,正本清源,"咬文嚼字"更显其迫切和必要。过去对"咬文嚼字"的解释多偏贬义,而《现代汉语词典》(2016年第7版)中对"咬文嚼字"的解释,除仍保留"过分地斟酌字句,多用来指死抠字眼儿"的释义外,加上一段"也用来指对文字的使用反复推敲,十分讲究"。这正反映了近年来语言文字表达极需"反复推敲"的现状;又加以"十分讲究",则更强调了"咬文嚼字"对提高语言表达质量之必要,这对全社会提高运用语言的准确度及严肃性,对祖国语言的纯洁与健康都具有重要的引领作用。

《咬文嚼字的逻辑》自 2005 年出版以来,经几次重印,读者口碑尚好。上海《咬文嚼字》杂志主编郝铭鉴来信中说:"让我眼前一亮,视角独特,而又学理严谨。"网上评论者说:"这书值得大家看""看完这书估计改错能力会提高""做学问就要咬文嚼字"等。但也有读者说:"这类型的书需要有耐性才能把它读完。"我想可能有两方面原因:一是逻辑在我国普及不够,人们对逻辑知识比较生疏,因而理解上会有些困难;二是书中所分析的例句,多为报刊书籍中的片段,缺少生动鲜活的实例,不足以吸引眼球,引起读者兴趣。为此,对本书作如下修订:

1. 对原有例析做适当调整和删节,并在各章后新增一些"案例举隅"的实例分析,主要是一些古今中外的典型事例,既有助于提高逻辑分析能力,也能扩大我们的逻辑应用视野。

2. 本书因不是教科书,以"咬嚼"语言表达中的逻辑错误为主,有关逻辑理论部分,只在每章前和每种错误类型的分析中略作介绍,且着重于各章中最基本的逻辑知识和有关的逻辑规则,有助于读者对逻辑分析的理解。

3. 将最后一章"论证方面的逻辑错误"中的"诡辩谬误"改为"谬误与诡辩",分出列为一章。这部分内容主要为非形式谬误,虽与论证有关,却具有相对独立性,对日常表达和交际更具实际意义。

4. 在"目录"中的每一种错误类型下,增加一句"为什么……",是从该类型错例中选取的标志性提示语句,使"目录"更有贴近读者的可读性。本书所选名言只为引导读者对有关内容的关注,与排序无关。

5. 本书最后附有新增自测逻辑纠错能力练习题五则(附参考答案)。

我国著名逻辑学家金岳霖曾说:"没有逻辑,生活几乎是不可能的。"逻辑对思维的规范作用,体现在人类社会生活的方方面面。凡是用语言表达思想进行交流的过程,都离不开逻辑。逻辑是理性思维的圭臬,逻辑的缺失,会导致社会理性思维的缺失。

当今时代的发展离不开创新思维,而创新思维又不能脱离逻辑思维基础。世界创新思维大师、《六顶思考帽》的作者、英国的爱德华·德·博诺,虽然他强调直觉、想象等感知在思考中的作用,但同时又指出:"诚然,真理和推论都绝对是无可替代的,而且是不可超越的,这些也是传统思维体系本身的必然要求。而拥有一个建立在真理和推论基础上的系统,也是切实可行、无可厚非的。"还说:"每一个有价值的创意在事后看起来都必然是符合逻辑的。"(爱德华·德·博诺著、冯杨译《我对你错》,山西人民出版社 2008 年 11 月版,第 242 页、第 2 页)这也说明传统逻辑作为人类思维最基本的规律,无论信息传播方式以及人的思考方法怎样变化,只要人的思维和语言存在,逻辑作为人们正确思维的共同准则也就不会改变。

"让逻辑走近大家"是时代的呼唤,也是逻辑工作者的共同心声,更是一份责无旁贷的时代担当;能为普及逻辑、加强科学思维教育,贡献绵薄之力,甚感荣幸,并愿此书能成为每位读者身边的逻辑之友。

感谢北大出版社及综合编辑室的杨书澜主任和责编魏冬峰女士,正是由于她们向社会普及逻辑的持久恒心,为筹划修订再版工作付出大量心血,使"逻辑时空"常新不衰,成为当今普及逻辑的坚实阵地。对原中国逻辑学会副会长、中国社科院博士生导师、"逻辑时空"丛书主编刘培育教授为丛书的策划、组稿及审阅所付出的辛苦,以及给予我的支持和鼓励,表示衷心的敬意和谢意;对首都经贸大学吴坚教授提出的意见和建议表示谢忱;对李庆、李铭、葛文静给予的帮助表示感谢。

本书修订也是阶段性工作,难免有不当之处,望读者提出宝贵意见和建议,以便今后修订完善。

李衍华　2018年(戊戌)春　于望京花园

引　言

　　逻辑,这个词是英语 Logic 的音译,导源于希腊文"λογος"(逻各斯)。现代汉语中,逻辑是多义词,既可指主观的思维规律(如"推理论证的逻辑"),也可指客观事物的发展规律(如"历史发展的逻辑"),还可指逻辑学(如"学点逻辑")。逻辑学作为一门思维学科,是研究思维的形式和规律的科学(我国旧称名学、辩学、论理学、理则学等),是一门具有全人类性的工具性和基础性学科,被联合国教科文组织列为基础学科的第二位。

　　人的思维是在感性认识基础上运用概念、判断,进行推理和论证的认识过程。作为研究思维形式和规律的逻辑学,是人类长期思维经验的概括和总结,与人们日常思维和生活息息相关,是指导人们正确思维和成功交际的共同准则。近代以来,逻辑学已发展成为一个门类众多的学科群。而经过人类长期历史发展证明,以传统形式逻辑为基础的普通逻辑,仍是当代社会人们普遍所需的科学思维工具。尽管世界文明有多元差异,社会形态、民族特征及思维方式有所不同,但人们正确思维必须遵守的准则及规律都是一致的,逻辑的全人类性是毋庸置疑的。

　　本书按普通逻辑学的基础理论体系,分为概念、判断、推理、逻辑思维基本规律、论证、谬误与诡辩六部分。每一部分既有常见逻辑错误例析及案例分析,又有相关逻辑理论的介绍。让读者既能进行错例分析的应用训练,同时又能学点有关的逻辑理论,增强逻辑观念,以养成"对逻辑错误的敏感性",有利于培养科学思维的习惯,成为自觉思考者,以适应新时代发展的需要。

目　　录

一、概念方面的逻辑错误 …………………………… 1

（一）概念错用
　　——为什么不能说"祖国的生日"? …………… 3

（二）概念不明
　　——为什么不能说"婚否不限"? ……………… 7

（三）概念混淆
　　——为什么不能说"华侨"是"华人"? ………… 10

（四）概念赘余
　　——为什么不能说"退休金工资"? …………… 16

（五）误用集合
　　——为什么不能说"三千多个词汇"? ………… 18

（六）外延过宽
　　——为什么不能说"爱迪生发明了灯"? ……… 22

（七）并列不当
　　——为什么不能说"老年人和高龄老人"? …… 25

（八）限制不当
　　——为什么不能说"历史上的最好水平"? …… 32

（九）概括不当
　　——为什么不能说"鱼、虾、盐、碱等水产"? … 35

（十）定义错误

——为什么不能说"法律就是由国家政权保证执行的行为规则"？ …… 37

（十一）划分错误

——为什么不能说"文学形式可分为小说、诗歌、音乐和绘画"？ …… 40

案例举隅 …… 45

一 明确概念 消除误解

——孙中山巧对犬养毅 …… 45

二 限制一字 价值万金

——卓别林与影片《大独裁者》 …… 46

三 一词两解 巧对难题

——刘墉妙解一年生、死多少人 …… 47

四 划分两类 各得其一

——米芾巧赞宋徽宗 …… 48

二、判断方面的逻辑错误 …… 49

（一）判断歧义

——为什么不能写"今还欠款4000元"？ …… 50

（二）主谓失合

——为什么不能说"鲸是鱼"？ …… 53

（三）量项不当

——为什么不应说"有些贪污受贿案件必须严肃处理"？ …… 59

（四）误用否定

——为什么不能说"难道能否认他们不是夫妻之情吗"？ …… 61

（五）关系不合
　　——为什么不能说"缩小了十倍"？ ……………………… 66

（六）模态混淆
　　——为什么不应说"他必定考不上大学"？ …………… 72

（七）规范不当
　　——为什么不能说"到了法定婚龄就应当结婚"？ …… 74

（八）联言不当
　　——为什么不能说"孟子是思想家,并且是儒家
　　　　创始人"？ ……………………………………………… 75

（九）选言不当
　　——为什么不能说"科研机构的任务是或出成果,
　　　　或出人才"？ …………………………………………… 79

（十）假言不当
　　——为什么不能说"只有患了高血压,血压才会升高"？ … 82

案例举隅 ……………………………………………………………… 87
　一　巧设歧义　李白受骗
　　——"十里桃花"与"万家酒店" ………………………… 87
　二　关系换位　本意不变
　　——阿凡提妙语解梦 ……………………………………… 88
　三　和或不分　逻辑不容
　　——究竟应当用"和"还是用"或"？ …………………… 89
　四　充分必要　岂容混淆
　　——这样说能证明照相机是谁的吗？ …………………… 90

三、推理方面的逻辑错误 …………………………………………… 93
（一）前提虚假
　　——为什么不能推出"所有模特表演队都不是
　　　　非专业的"？ …………………………………………… 94

(二) 直接误推

——为什么不能推出"有些科学家是懂几种

外语的"? ·················· 96

(三) 三段误推

——为什么不能推出"他是会教孩子英语的"? ········ 102

(四) 假言误推

——为什么不能推出"老王是去过颐和园的"? ········ 111

(五) 选言误推

——为什么不能推出"××牌洗衣机质量不好"? ····· 118

(六) 二难误推

——为什么不能推出"总之,你要给我钱"? ········· 120

(七) 关系误推

——为什么不能推出"你一定能赢他"? ············ 123

(八) 模态误推

——为什么不能推出"不能说自然生态的发展

不可能没有客观规律"? ············· 125

(九) 轻率概括

——为什么不能推出"高等学府出不了文学家"? ······ 128

(十) 机械类比

——为什么不能推出"老陈也患有心脏病"? ········· 131

案例举隅 ···································· 133

一 听话听音 不欢而散

——请客话不该这么说 ··················· 133

二 两种推理 两种行为

——振振有词未必合乎逻辑 ················· 135

三　推断错误　提问落空
　　　　——想当然推理的尴尬 …………………………… 136
　　四　巧设"双刀"　匹配良缘
　　　　——松赞干布难倒文成公主 …………………… 138

四、逻辑思维基本规律方面的错误　　　　　　　　　140
　（一）偷换概念
　　　　——为什么不能推出"法院应对被告减轻处罚"? …… 141
　（二）转移论题
　　　　——为什么不能得出"青年人应当有什么远大理想"
　　　　　　的结论? ………………………………………… 144
　（三）自相矛盾
　　　　——为什么不能说"我国有世界上没有的
　　　　　　万里长城"? ………………………………… 147
　（四）模棱两否（两不可）
　　　　——为什么不能对这部手机"是国产货"和
　　　　　　"不是国产货"两种说法都予以否认? ……… 157

案例举隅　　　　　　　　　　　　　　　　　　　　160
　　一　周人卖"璞"　郑人不取
　　　　——是老鼠肉，还是玉石 ……………………… 160
　　二　万能溶液　何物可盛
　　　　——瞬间破灭的"伟大理想" ………………… 160
　　三　巧用排中　猜中婚谜
　　　　——鲍西娅肖像之谜 …………………………… 161
　　四　两相反对　可居中间
　　　　——"中门而立"让齐桓公改了主意 ………… 162

· 5 ·

五、论证方面的逻辑错误 …… 164

（一）论题不明
——为什么不能以"论电视剧《甄嬛传》的思想性或艺术性"为论题？ …… 167

（二）偷换论题
——为什么不能推出"自学必能成才"？ …… 168

（三）论据虚假
——为什么不能推出"这是刘墉书法作品的真迹"？ …… 171

（四）论据不足
——为什么不能推出"戚继光长大后必能成为军事帅才"？ …… 172

（五）论据预期
——为什么不能推出"有野人存在"？ …… 173

（六）循环论证
——为什么不能推出"月光是白的"？ …… 174

（七）推不出来
——为什么不能推出"他是一位运动员"？ …… 176

（八）无效反驳
——为什么不能驳倒"找对象不一定找花钱大方的"观点？ …… 178

案例举隅 …… 181

一　请君入瓮　指纹作证
——何时出示指纹是关键 …… 181

二　反证推断　米老认错
——牛眼中没有牧童身影 …… 183

三　论据不足　无法封口
——要有令人心服的论据 …… 183

四　假言连锁　选言排除
　　　　——福尔摩斯逻辑思路探秘 …………………… 184

六、谬误与诡辩 ………………………………………… 188
　（一）语词歧义
　　　——为什么不能说"关于李白的诗"? …………… 189
　（二）诉诸人身
　　　——为什么不能推出"陈某不能被提拔"? ……… 189
　（三）诉诸权威
　　　——为什么不能推出"专家说的没错"? ………… 190
　（四）诉诸感情
　　　——为什么不能推出"请法院从宽处理"? ……… 190
　（五）同语反诉
　　　——为什么不能推出"你没有权利指责别人"? … 191
　（六）诉诸众人
　　　——为什么不能推出"三番两次说的事一定
　　　　是真的"? …………………………………… 191
　（七）诉诸无知
　　　——为什么不能推出"他在银行一定有存款"? … 192
　（八）合举谬误
　　　——为什么不能推出"我国乒乓球队一定能拿到
　　　　女子团体冠军"? …………………………… 192
　（九）分举谬误
　　　——为什么不能推出"高二甲班的学生个个都是
　　　　优秀生"? …………………………………… 192
　（十）因果倒置
　　　——为什么不能推论"因为大家不喜欢,所以

　　　　　　我歌唱得不好"？ ……………………………………… 193

（十一）偶然关联
　　　　——为什么不能推出"下次郊游,别选周日去"？ …… 193

（十二）样本谬误
　　　　——为什么不能推出"该市70％的市民有住房
　　　　　　购买力"？ …………………………………………… 194

（十三）非黑即白
　　　　——为什么不能推出"不让我选最高层,就让
　　　　　　我选最底层吗"？ …………………………………… 194

（十四）相对谬误
　　　　——为什么不应说"向您爱人问好"？ ………………… 195

（十五）稻草人谬误
　　　　——为什么不能用"东城有塔"反驳"西城多塔"
　　　　　　的观点？ ……………………………………………… 195

（十六）偷换概念的诡辩
　　　　——为什么张先生喝完价值10元的咖啡,
　　　　　　却不付钱就走？ ……………………………………… 196

（十七）双重标准的诡辩
　　　　——为什么刘教授教陈博士学法律,却拿不到
　　　　　　另一半学费？ ………………………………………… 197

（十八）重复计算的诡辩
　　　　——为什么黄女士拿价值一万的项链却要换价值
　　　　　　两万的项链？ ………………………………………… 198

附　录 ……………………………………………………………… 200
　　自测逻辑纠错能力练习题五则（附参考答案）…………… 200
　　自测题参考答案 ……………………………………………… 201

一、概念方面的逻辑错误

名不正,则言不顺;言不顺,则事不成。

——孔子

科学所追求的是概念的最大的敏锐性和清晰性。

——爱因斯坦

概念是思维的起点,也是思想的细胞和知识的根基。我们虽然已经在各门科学知识中学到了许多科学概念,但你知道"概念"本身究竟是什么吗?如果你还没有接触过逻辑,就会对此不甚了解,那就让我们从"概念"开始步入逻辑之旅吧。

概念是反映对象本质属性的思维形式。例如,"商品"的本质属性是"用来交换的劳动产品",这一本质属性一旦被你认识了,就在你的思维中构成了"商品"这个科学概念;又如"互联网"的本质属性"由若干计算机网络相互连接而成的网络",被反映到思维中就构成了"互联网"这一科学概念。概念是人类理性思维活动最基本的工具。人的理性思维活动,就是依靠一个个这样的科学概念构成判断,进行推理和论证的认识过程。人脑中的知识结构也是由相互关联的各种概念联结成的网络系统。

概念的形成和语言表达都要靠语言载体来进行。概念的语言表达形式是语词(词或词组),但有些没有独立含义的虚词不表达概念(助词、叹词等)。从概念到语词表达是由思维深层向语言表层的转化过程,即以说话或写作的言语方式表现出来,所以我们要分析思维深层的概念,就要通过语言表层说出的或写出的语词来完成。在语词表达层面,对语词的分析,语法上有词类、词组、句类、句型、句式和句子成分等;在思维活动层面,对概念的分析,逻辑上有内涵、外延、种类、关系及明确概念的逻辑方法等。

概念最核心的内容是具有内涵和外延两个基本属性。

概念的内涵是指被反映到概念中的对象的本质属性。概念的内涵是在思维中被认识到的,是内在的无形的;而把概念的内涵用语词说出或写出来,该语词的含义就是表达概念内涵的。例如,"手机是手持式移动电话机"(《现代汉语词典》),其中的"手持式移动电话机",就是"手机"这个对象的本质属性,它被反映到思维中就是"手机"概念的内涵,它用"手机"这个词表达出来就是词的含义。因此,可以说概念的内涵与词义相当,只是所在层面不同,一个内涵于思维,一个外显于语表。需要注意的是:概念内涵与词义表达二者并不都是一对一的对应关系,可以有一义多词,如"医生"与"大夫"两个不同的语词都指同一本质属性的对象;也可以有一词多义,如"粉丝"既可指食品,也可指人。

概念的外延是指被反映到概念中的对象的范围,用语词表达时,其外延与词义所指对象相当,只是层面不同。上例中手机概念的外延就是指"所有的手机",同时也是手机这个词的含义所指对象。如说"苹果牌手机",其概念外延和语词所指都是说"所有的苹果牌手机",只是从思维到语言表达的层面不同。因此,明确一个概念的内涵和外延,是准确用词的逻辑依据。逻辑对语言表达的最基本要求,就是在确定的意义上准确恰当地使用每一个词。还是那句话:只有清晰的思维才能有清晰的语言表达。

语法上出现用词不当的语病,从逻辑上看,主要是由于对概念的内涵或外延不能准确把握造成的。而逻辑上出现的错误,又是通过词义以语词形式表现出来的。由于同一语词在不同的语境中,可有不同的表达意义(如"侬",既可指"你",也可指"我"),因此,对语言表达中概念的逻辑分析不能离开词义和语境。既要注意逻辑要求的严谨性,也要注意语言表达的灵活性,力求准确恰当为妥。

对概念方面逻辑错误的分类,也是根据概念的内涵或外延,划分为若干类型。主要有:概念错用、概念不明、概念混淆、概念赘余、误用集合、外延过宽、并列不当、限制不当、概括不当、定义错误、划分错误等。

(一) 概 念 错 用

——为什么不能说"祖国的生日"?

① 他是历年春节晚会的始作俑者。

[分析]

"作俑"是指"制造殉葬用的偶像,倡导做不好的事"(《现代汉语词典》),这既是"作俑"概念的内涵,也是"作俑"一词的含义。作者由于对"作俑"概念内涵的理解错误,误以为是"倡导做好事"的意思,导致选错了语词,造成词义表达错误。

② 今年中秋节特别热闹,到处灯火阑珊。

[分析]

"阑珊"是"衰落下去"的意思,并非"灯火辉煌"之意。作者没有搞清"阑珊"概念的内涵,按照自己想当然的意思用错了概念。

③ 这届奥运会,世界足球强队都在积极备战,觊觎桂冠。

[分析]

"觊觎"是指"希望得到不该得到的东西",而在世界足球比赛中,各队争夺桂冠,并不是去夺不该得到的东西。作者错误理解了"觊觎"这个概念的内涵,作出了错误的表达。

④ 今天迎来祖国母亲68岁生日,全国各地纷纷举办各种庆祝活动。

[分析]

"祖国"一词的含义,是指"自己的国家"(《现代汉语词典》)。对自己的国家以"祖国"来称谓,常见于日常表达,如"热爱祖国""建设祖国""保卫祖国"等,尤其是出国在外的人,如说"远离祖国的游子""回到祖国的怀抱"等。

"祖国"是自有国家以来,人们对自己所属国家的称谓。作为中国人的祖国,自夏商周以来,已有几千年的历史,因此,不能把"祖国"等同于1949年建立的"中华人民共和国",两者的概念内涵和外延都是不同的。我们能说:"中华人民共和国68岁生日",却不能说"祖国68岁生日",在国庆节当天,也不应说"今天是祖国的生日"。

对"祖国"不加年岁的表达,如说"祖国,祝你生日快乐!"(中国留学生语),这是中国留学生在国外,对自己的祖国(中国)的国庆节表达美好祝愿的词语。这里的"生日"如同日常说"家里在过生日";这种表达,正是把"祖国"(中国)作为"自己的国家"理解的。

⑤ 张董事长是该公司的法人,当与其他公司发生纠纷时,当然应以法人资格,依照双方有关协议,依法与对方进行谈判,以求对问题的公正解决。

[分析]

"法人"并不是指某一个具体的人,也不是"法定代表人"的简称,而是一个有特定内涵的法律概念。《民法通则》中规定:"法人是具有民事权利能力和民事行为能力,依法独立享有民事权利和承担民事义

一、概念方面的逻辑错误

务的组织。"

法律上规定,法人作为一个组织,应具备如下条件:一、依法成立;二、有必要的财产或经费;三、有自己的名称、组织机构和场所;四、能够独立承担民事责任。而代表法人组织行使职权的负责人,应称其为"法定代表人",不应称"法人"。

⑥ 少年儿童在生长发育期内,需要补充足够的钙、磷等微量元素,可以使骨骼健壮。

[分析]

何谓"微量元素"?《中国大百科全书》中对"微量元素"的解释,是指在人体中含量占体重万分之一以下的元素,如铁、锌、铜等。而钙属于"宏量元素",磷属于"躯体结构元素",钙和磷在人体中含量都超过微量元素在人体中的含量标准。上例中把钙、磷都归为微量元素,显然是用错了概念。

⑦ 在我的集邮册里,有一枚清代光绪年间发行的《红印花》邮票。如今这枚邮票可以说是寥若晨星,很难找到。

[分析]

"寥若晨星"是一个用比喻义表达的成语。"寥"是稀少的意思,不含只有一个的意思。而句中所指集邮册里仅有一枚《红印花》邮票,却用了表示稀少的"寥若晨星"这个成语概念,可将"这枚"改为"这种"。

⑧ 鲁迅笔下的阿Q是辛亥元年被枪毙的,阿Q所处的时代是一去不复返了。

[分析]

"辛亥"是按干支排列的一年,是中国传统的农历纪年方法。如"辛亥革命",是指农历辛亥年孙中山领导的推翻清王朝的资产阶级民主革命。"元年"是指一段历史的第一年。如我国历代帝王或诸侯即位的第一年,如"隐公元年""贞观元年"等。又可指纪元的第一年(公元元年)。

"辛亥"与"元年"这两个概念的内涵和外延都不同,既不能混淆,也不能并列。可以说"辛亥年"(1911年);如果说"元年",则是1912年1月1日,孙中山就职总统,宣告中华民国成立,改用阳历,以这一天为中华民国纪元开始,可称"民国元年"(1912年)。

显然,"辛亥年"与"民国元年"是两个含义不同,所指时间也不同的概念,此处应根据鲁迅小说原文,确定为"宣统三年",即"辛亥年"(1911年),不能再并列一个"元年",属于概念错用,应去掉"元"字。

[说明]

"概念错用"是指由于对概念内涵和外延的错误理解而造成的逻辑错误。

在日常语言表达中,常见此种错误,如上面例中对"作俑""阑珊""觊觎""祖国""法人"等的错用,主要都是由于对概念的内涵和外延没有确切了解造成的。例⑧中是把"辛亥"和"元年"两个概念结合到一起,表面看似可以,实则内涵上毫无关联,把两个不能联结的概念硬连在一起导致了概念错用。

逻辑对语言表达的第一要求,就是在准确的含义上使用每一个词来表达与之对应的概念;也只有准确把握每一个概念的内涵和外延,才能准确使用相对应的语词。总之,要避免"概念错用",就要做到两个"准确":既要准确把握概念的内涵和外延,还要选对准确表达概念的语词。

（二）概 念 不 明
——为什么不能说"婚否不限"？

① 去海南三亚旅居的爸爸妈妈，从北京乘"高铁"将于 5 月 25 日凌晨 46 分到达。

[分析]

"凌晨 46 分"概念不明确。"凌晨 46 分"指什么时间？"凌晨"是指"天快亮的时候"，"凌晨 46 分"没有钟点，很难说是什么时间。实际上有一趟是 4:46 到达，句中遗漏了表示钟点的"4 点"。

② 在英国一只狗进一次"美容院"的花费，相当于一个普通工人三四倍的工资。

[分析]

"一个普通工人三四倍的工资"这个概念不明确。这里究竟是指一个普通工人每小时，还是每日或每月甚至每年工资的三四倍呢？作为比较尺度的一倍量概念不明确，建立在这基础上的倍数概念也就不可能明确。应当对"工资"的一倍量加以明确。

③ 一则征婚启事：

"征 36 岁以下，高 1.60 米左右，品貌好，淳朴善良，在城市工作的女同志为伴侣，婚否不限。"

[分析]

征婚启事中，最后一句"婚否不限"是什么意思？可以理解为"已婚或未婚的都可以"。未婚者当然可以，而已婚者怎能成为征婚对象！其原意应是"结过婚已离异者也可"，可表达为"离异不限"；也有用"婚史不限"或"婚事不限"的,认为其意自明或有意模糊,但外延过宽,概念不明,易造成误解。

④ 我厂生产的不含蔗糖的无糖产品,适合糖尿病患者食用。

[分析]

"糖"可分为单糖(葡萄糖、果糖等)、双糖(蔗糖、乳糖、麦芽糖等)、多糖(淀粉、纤维素等)。其中只有"多糖"能够让糖尿病人使用。所谓"不含蔗糖",不等于不含其他糖类。因此,"不含蔗糖的无糖产品"是一个模糊的不明确的概念,使人易误解为不含蔗糖就是无糖,误导消费者。[注:按国际惯例,无糖食品是指不含食糖即蔗糖(甘蔗糖和甜菜糖)和淀粉糖(葡萄糖、麦芽糖、果糖)的甜食品。]

⑤ 最近在美国和加拿大进行的一些调查表明,60 岁以下的人一侧或两侧耳垂上若有明显的斜纹,很可能比大多数人更易得冠心病。

[分析]

"大多数人"概念不明确。究竟是什么范围中的大多数人?是指 60 岁以下的容易得冠心病的人的"大多数",还是指所有容易得冠心病的人的"大多数"?从句中无法断定。因为"大多数"是一个表示数量的相对概念,使用时必须有明确的论域,才能表达准确。应删去"大多数人",改为"很可能比 60 岁以下的一侧或两侧没有斜纹的人容易得冠心病"。如保留"更易得"的意思,则可改为"很可能比容易得冠心病的人更易得冠心病"。

⑥ 吴某今年已 22 岁,是应届毕业生。

[分析]

按我国现行的学制,"应届毕业生"可分为小学的、初中的、高中

一、概念方面的逻辑错误

的、大学的以及研究生的共五类。那么,吴某应是其中哪类应届毕业生呢?一个本来应该加以限制的概念,作者却没有加以限制,造成了概念不明确。

⑦ 某超市门前一位售货员大喊:"××牌营养燕麦片买一送一,快来买,就剩两份了,机会不可错过,送完为止。"当一位顾客拿起一袋麦片,向售货员再要一袋时,拿到的却是一小袋"年糕粉",顾客皱起眉头问:"不是买一送一吗?"售货员指着年糕粉说:"这不是送一吗!"这位顾客无可奈何地放下麦片说:"不买了!"

[分析]

"买一送一"中的"一"是一个外延极大的数字概念。"一"可指的具体事物极其广泛,只有在特定语境中才可确定所指对象。这里所说"买一送一"中的前一个"一",显然是指麦片,但后一个"一"则不知所指了。这位顾客误以为仍然是麦片,而售货员拿给他的却是年糕粉。可见这里的后一个"一"是一个不能明确所指的概念,误导了消费者。

⑧ 我老家有位村支书两次办喜事没收一份礼。

[分析]

"喜事"这个概念在句中不明确。它的含义是指这位村支书本人的结婚喜事,还是指其他什么喜事。如是本人,是一种什么情况没有说明;如是其他喜事,又是一种情况,究竟是指什么"喜事",使人无法判断。而实际情况是这位村支书先后为两个儿子办的喜事。原句应在"办喜事"前加"为儿子",予以明确。

[说明]

"概念不明"是指在句中使用了不能明确表达概念内涵或外延的语词,造成模糊不明的印象。概念不明可以表现在许多方面,如在时间、数量、对象、范围等方面都可能出现此种错误。尤其在国家制定法律条文方面更显重要。

例如有记者报道：在2015年第十二届全国人大三次会议上，代表审议立法法时，有代表对有关条文"咬文嚼字"时说："修改后的第62条提出，法律规定明确要求有关国家机关对专门事项作出配套的具体规定的，有关国家机关应当及时作出规定。这条中的'及时'提法比较模糊，法律颁布以后，一年内算及时，还是3年或5年？我建议给予一个明确的时间限制，规定在法律颁布的一年内，或两年内，让相关法案更好落实。"（据2015年3月10日新华网北京3月10日电《从"可以"到"应当"代表审议立法法"咬文嚼字"》记者张源培、许雪毅）。

上面列举的病例有如下几种情形：

1. 时间概念不明确（如例①"凌晨46分"）。
2. 计数不明确（如例②"工资"）。
3. 论域不明确（如例⑤"大多数人"）。
4. 对象不明确（如例⑧"喜事"）。

"概念不明"的逻辑错误，容易被忽略。产生此种逻辑错误的主要原因是作者对使用概念的确切内涵或外延范围没有准确把握。避免产生此类逻辑错误的办法是：在弄清所使用概念内涵和外延的基础上，根据上下文确定出明确的含义。"概念不明"是很常见的一种逻辑错误。而在日常语言表达中，也有不需明确所指而使用模糊概念的时候，如常说的"大概""也许""某种程度""适当时候"等。

（三）概 念 混 淆

——为什么不能说"华侨"是"华人"？

①《养生》杂志社出版增刊《健康之友》，现已售出3万多册。市邮局得到消息后，特地打来电话要求征购2万册。

一、概念方面的逻辑错误

[分析]

"征购"是指国家向个人征集购买,例如国家向农民征购粮食。个人或单位向出版发行部门预订购买叫"订购"。根据上下文来看,此句中的"征购"显然是"订购"之误。"征购""订购"这两个概念的内涵不能混淆。此处应改为"订购"。

② 上海新时装表演队造诣深,水平高,他们的表演华而不艳,美而不俗,恰到好处,这一点很值得以后的效尤者学习。

[分析]

"效尤",语出《左传·庄公二一年》,意思是学坏样子。可是上海新时装表演队的表演,有益于丰富和美化人民的生活,绝不是什么坏样子。句中的"效尤"概念用错了,造成与作者原意相违,其原因是将"效仿"与"效尤"混淆了,可将"效尤"改为"效法"或"效仿"。

③ 这种油,每斤售价125元,价值偏高。

[分析]

"价值"是"经济学"中的概念,指凝结在商品中的人类一般劳动,不能用高低来表示。"价格"是价值的货币表现,可以用高低表示。句中的"售价"是指价格,不是指价值,这里把"价格"与"价值"混淆,误用为"价值",应改为"价格"。

④ 在一家饮食店的墙上贴着的《服务公约》中写道:"对顾客一视同人。"

[分析]

"一视同人"显然是"一视同仁"之误。"一视同仁"的含义是对所有顾客不分男女老幼,职位高低都同等看待。而"一视同人"就只是不分男女老幼,职位高低,一律看作"人",因同音而混淆"仁"与"人",一

· 11 ·

字之差,其意大谬。

⑤ 那猫倒也不孚人望,吃了不少的老鼠。

[分析]

"孚",意思是为人所信服,"不孚人望",意思是不为人所信服,但从句意来看,那猫显然是没辜负人们的期望。"孚"与"负"虽字音相近,却含义不同,可改为"深孚人望"或"不负人望"。

⑥ 她生在印尼,如今是法国籍……出生在国外的华侨是这样地热爱自己的祖国。

[分析]

"华侨"在句中用错了。华侨是指旅居国外的中国人,而已经入了外国籍,就不能称为华侨了,可以称为中国血统的外籍人,或称"华人"。华人是指取得所在国国籍的中国血统的外国公民。"华人"不能称为"华侨",两个概念不容混淆,句中应将"华侨"改为"华人"。

⑦ 人们一向认为文章最忌仿效。仿人的作品,历来为人们所不耻。纵观古今,仿人之作却不乏其例。

[分析]

"不耻"是指"不以向人请教为可耻",如成语"不耻下问"。句中"历来为人们所不耻",解释不通。作者把"不耻"与"不齿"两个概念混淆了。"不齿"是指"不愿提到、鄙视"的意思,应将"不耻"改为"不齿",才符合原意。

⑧ 我乘2月19日夜间零点24分的快车到桂林。

[分析]

"19日夜间零点"所表述的时间概念是自相矛盾的,这里是把"19

一、概念方面的逻辑错误

日夜间"与"20日零点"混淆在一起;因为"19日夜间"不可能有"零点",如有"零点",那已属于"20日"的时限范围。如果说的是"19日零点24分",就不应表述为"19日夜间"。

⑨ 上海机器制造行业把富裕的技术人员组织起来,投入新开发的项目。

[分析]

"富裕"是财物充裕的意思,如说"日子过得很富裕"。"富余"是足够而有剩余的意思,可说"富余的钱""富余的人"。显然,句中把两个概念混淆了,误将"富余"用作了"富裕"。

⑩ 北京市中学自制智能教具展览会,今天起在北京市教育学院开幕。

[分析]

"今天起"表示一件事的开始,是一个没有终结的时间进程;而"开幕"只是指一个会或一个演出的开始,没有延续的意思。这两个概念在时间上是矛盾的,因此不能搭配使用。这里是把"开幕"与"展出"两个概念相混淆,一方面要表达"开幕",另一方面又要表达"展出",结果把概念用错了。应把"开幕"改为"展出",或去掉"起"字。

⑪ 该书共分10类,包括250多种清真菜点。

[分析]

图书可以分类,但"该书"却无法分类。因为"该书"在句中是特指某一本书的单独概念,不能用分类法进行划分,只能将"该书"归入某类,或对"该书"的内容分类。从此句的上下文看,句中的"10类"不是指对书的分类,而是对书中"菜点"的分类,显然是把"该书"与"该书的内容"两个不同的概念混淆了。

· 13 ·

⑫ 某监狱中32名犯人,认罪伏法,积极改造,受到程度不同的减刑或奖励。

[分析]

"伏法"是指"被执行死刑"。"伏罪"或"服罪"是指"承认自己的罪过"。"服法"是指"服从法律的制裁"。根据句意,在"认罪"后并列的概念应是"服法",不应用"伏法"。由于对同音异义词的忽略,将"伏法"与"服法"两概念的内涵相混淆,造成了表达的错误。

⑬ 五一节前,我系统成功地举办了一次隆重的集体婚礼,这种集体结婚的形式,最近在我市很盛行。

[分析]

"集体婚礼",是指若干对夫妻在一起举办婚礼。第二句却把"集体婚礼"说成"集体结婚",将"结婚"等同于"婚礼",岂不大谬!"结婚"是指一对男女经过合法手续结合成夫妻,而"婚礼"只是指"结婚仪式",两个概念岂能混淆。

⑭ 狗的嗅觉灵敏度早已盛名天下。

[分析]

"嗅觉灵敏度"这个概念,是表示动物(包括人)的嗅觉器官对外来刺激产生反应所达到的程度。就"嗅觉灵敏度"这个概念来说,它并没有具体表达嗅觉达到了什么程度。句中说的"嗅觉灵敏度"本身如何能盛名于天下?显然,这里是把"嗅觉灵敏度"和"嗅觉灵敏"这两个不同概念混为一谈了。

⑮ 这次英国"脱欧公投"成功,意味着英国脱离欧洲将成为事实,英国未来发展前景也将充满变数。

一、概念方面的逻辑错误

[分析]

英国"脱欧"是指脱离英国于1991年参与签署的《欧洲联盟条约》所建立的欧洲联盟组织,不是指欧洲这片地域。句中将"欧盟"与"欧洲"混淆,造成把"脱欧"误解为"脱离欧洲"的错误。

[说明]

"概念混淆"是由于把两个含义相近或读音相同的词所表达的不同概念,在内涵和外延上没有严格区别而造成的逻辑错误。造成概念混淆的原因很多,上面列举的病例主要有如下几种情况:

1. 误用近义词造成概念混淆(如例①"征购"与"订购")。

2. 误用同音字造成概念混淆(如例④"人"与"仁")。

3. 把两个反映不同对象的概念混淆(如例⑥"华侨"与"华人")。

4. 把两个表示不同时间的概念混淆在一起(如例⑧"19日夜间零点")。

5. 把反映事物的概念与反映该事物具体内容的概念混淆(如例⑪"该书"与"该书内容")。

6. 把两个同音异义词表达的概念误作为同一概念(如例⑫"伏法"与"服法")。

"概念混淆"是一种常见的逻辑错误,主要原因是作者对反映比较接近的事物或现象的概念在内涵和外延上没有辨别清楚。避免此类语病,就要对使用的概念在准确把握其内涵和外延的基础上,注意对近义词、同音异义词等的区辨,才能将容易混淆的概念严格区分,并且注意结合上下文使其恰当。

(四) 概 念 赘 余

——为什么不能说"退休金工资"?

① 这个理发馆新添了一个服务项目:备有十几本杂志期刊,供顾客在等候理发时阅览。

[分析]

"杂志"和"期刊"是一对等义词,表达的是同一个概念,没有必要将等义词重复使用,应去掉一个。

② 回首反观近现代东西方社会历史演化的不同轨迹。

[分析]

"回首"就是"回头","反观"就是"回头看"。"回首反观"就成了"回头回头看"。如果"回头"再"回头看",就成了"不回头看"。"回首反观"显然是概念的重复,实属赘余,只要留一即可。

③ 创作的灵感触动了她,第一篇处女作——散文《大理石》就这样诞生了。

[分析]

第一次发表的作品称为"处女作"。此句在"处女作"前边又加上"第一篇"的限制语,只是重复了"处女作"概念的内涵,应删去"第一篇"。

④ 这项实验真是得不偿失,投入了那么多的巨资,可效果甚微。

[分析]

"巨资"这一概念本身就是指一笔数目大的钱财,用"那么多"加以

一、概念方面的逻辑错误

修饰,就显多余,应去掉"那么多的",或把"巨资"改为"资金"。

⑤ 在新时代总任务的推动下,我校学生为祖国勤奋学习的风气蔚然成风。

[分析]

"风气"与"蔚然成风"两个概念的内涵重复,产生冗词,也是概念赘余。应去掉"的风气"。

⑥ 在电影创作中,我们还看到:大部分制片厂在奉献优秀之作的同时都数量不等地冒出了一些质量较差的次品。

[分析]

"次品"当然是"质量较差的",句中的"次品"在这里应改为"作品"。

⑦ 这个平日一接触异性的小伙子就脸红心跳的少女,也把她藏在胸中的全部的爱,呈献给了襁褓中的婴儿……

[分析]

用"异性的"限制"小伙子"不妥,"异性的"是相对某一性别而言,其内涵既可指男性,也可指女性,而"小伙子"却已有明确的"男性"内涵。对"少女"来说,"小伙子"当然是异性。句中的"异性的"是多余的,应删去。

⑧ 自从退休之后,很少去工作单位,每月的退休金工资也是持卡到银行去取。

[分析]

单位工作人员退休以后每月领取的生活费用称为"退休金",已没有工资性质。"工资"是指"作为劳动报酬按期付给劳动者的货币或实物"。因此,句中的"工资"属多余的概念,应删去。

[说明]

"概念赘余"是在句中使用了在内涵或外延上发生重复或多余的概念。上面列举的病例主要有下列几种情形:

1. 同一概念的重复(如例①"杂志"与"期刊")。
2. 动作的重复(如例②"回首"与"反观")。
3. 内涵的重复(如例④"那么多的巨资")。
4. 概念限制的重复(如例⑦"异性的小伙子")。
5. 概念混淆性多余(如例⑧"退休金工资")。

此类语病多是由于作者在行文中顺手写来,粗心大意造成的。如不了解"杂志"与"期刊",在外延上是相同的,就会认为这两个概念在外延上是不同的,将其并列使用。避免概念赘余的办法,除去对概念内涵和外延要有明确了解外,主要是要细心地审读,注意删除那些多余的或可有可无的语词,使句义简练而准确。

(五) 误 用 集 合

——为什么不能说"三千多个词汇"?

① 一个宽肩膀,一脸横丝肉的警备队,抓着雨来的脖领子,向上一提,雨来就不由地坐起来。

[分析]

此句中的"警备队"是集合概念。集合概念是反映集合体的概念,其中每个个体不具有集合体的属性,所以集合概念不能指称其中的个体。故应将"警备队"改为"警备队员"。

② 昨天,我在图书大厦买了三本书籍。

一、概念方面的逻辑错误

[分析]

"书籍"是集合概念,此处应当使用非集合概念"书"。集合概念是反映集合体的概念,是将一类事物作为一个整体反映的,前面不能加表个体数量的限制词。这种误用集合概念的情况时有发生,例如说"我家有五个人口"、"瓶里插了六朵花卉"等。

③ 我们说的每一句话都是由许多词汇组合成的。因此可以说,每个人头脑中都存在一个词汇仓库。

[分析]

"词汇仓库"中的"词汇"是指词的总汇,是集合概念,这里对"词汇"的使用是恰当的。而在"每一句话都是由许多词汇组合成的"中的"词汇"实际上是指一个一个的词,因此应该使用"词",而不应该使用"词汇"。

④ 这部书包括了日语语法的基础知识和三千多个常用词汇。

[分析]

此句中的"词汇"是集合概念,前面不能用"三千多个"数量词限制。如果确指"三千多个"的,就不是"词汇",只能是"词"。

⑤ 在我国现代散文的灿烂星空中,独树一帜的"冰心体"散文,是一颗美丽而明亮的星座。

[分析]

此句中的"星座"是反映由许多星星组成的集合体的概念,前边不能用"一颗"加以限制。应将"星座"这一集合概念换成非集合概念"星",或将"一颗"改为"一组"。

⑥ 淡黄色的晓月,斜照卢沟桥。这座"狮桥"是金代明昌三

年建成。"雄狮"在风霜雨雪中,已守桥七百多个岁月。

[分析]

"岁月"是一个集合概念,反映由若干"年"组成的集合体,如说"漫长的岁月""艰苦的岁月"等。此句将"岁月"当成一个非集合概念,并加上了数量词限制,以致将集合概念"岁月"与非集合概念"年"混淆了。应将"岁月"改为"年",去掉"个"。

⑦ 从我手中编辑出来的中国古代名家著作,已有十几本。今年的任务是完成五本"中国先秦诸子文选丛书"的编辑工作。

[分析]

"中国先秦诸子文选丛书",是一个指若干本书汇集的集合概念,前边不能用"五本"数量词限制,可改为"一套"。如果是指"丛书"中的五本,可删去"五本",在"中国先秦诸子文选丛书"后加"中五本"。

⑧ 有没有坚定的共产主义信仰,能不能为共产主义事业献身,是共产党党性的根本标志。

[分析]

"有没有坚定的共产主义信仰,能不能为共产主义事业献身",显然是对"共产党员"而不是对"共产党"说的。句中误用了"共产党"这个集合概念。另外,"有没有""能不能"是指两面,而后面说的"根本标志"却指一面,前面应去掉否定的一面,才能在表述上前后一致。

[说明]

"误用集合"是指在应当使用非集合概念的地方误用了集合概念而造成的逻辑错误。

概念可按不同的标准分为单独概念(反映单独对象)和普遍概念(反映一类对象),还可以分为集合概念(反映集合体)和非集合概念

一、概念方面的逻辑错误

(不反映集合体)。单独概念(如"中国")与普遍概念(如"国家")比较容易区分,而集合概念(如"词汇")与非集合的普遍概念(如"词")往往容易混淆。如上面列举的几种病例中,把"共产党"与"共产党员"、"书籍"与"书"、"词汇"与"词"等相混淆,造成了逻辑错误。

避免出现此类错误,就要善于区别集合概念和非集合的普遍概念。

在客观事物中,存在着类与分子、集合体与个体的两种不同关系。前者指具有相同属性的事物形成一个类,类中的分子必然具有该类的属性,反映该类的概念叫作普遍概念,如"词""书""人""电脑"等。后者指若干个体(同类或不同类)总和构成一个集合体,其中个体不具有集合体的属性,反映该集合体的概念叫作集合概念,如"森林"(其中的每颗"树"都不具有"森林"的属性)、"丛书""人类"等。集合概念一般是反映同类个体的集合,如上面各例;也可反映同类中不同小类的集合,如"花卉",是"植物"类中"花"和"草"的集合,"官兵"是"军人"中"官"与"兵"的集合等。

当在句子中要辨别一个概念是集合概念还是普遍概念时,主要看句中的表述是对它的集合体而言,还是对它的每个分子而言。如是对总体的表述,应使用一个集合概念(如"词汇")。如是对一类中分子的表述,应使用一个普遍概念(如"词"),如果用了集合概念,就是"误用集合"的错误,上面各例皆属此种错误。另外,在集合概念前面一般不能加表个体的数量词限制(如"两个词汇"),而普遍概念却可以(如"两个词")。

还应注意,有些普遍概念在特定语境的句子中,可以表达集合概念。

例如:"中国人是勤劳勇敢的",其中的"中国人"原为普遍概念,但在该句中作为对中国人总体的评价来看,是作为集合概念使用的,不是对每个中国人的评价。又如:"银行是分布在全国各地的金融机构",其中的"银行"原是普遍概念,而在句中是在总体上使用的集合概念,不是说每个银行都"分布在全国各地"。

(六) 外 延 过 宽
——为什么不能说"爱迪生发明了灯"?

① 爱迪生发明了灯。

[分析]

说"爱迪生发明了灯",听起来并不错,但并不准确。其中"灯"这个概念的外延过宽,这样表达太笼统。事实上,爱迪生发明的是"电灯"(白炽灯),是"灯"中的一种,比"灯"外延小。

逻辑上把两个概念间的外延关系分为五种:

1. 全同关系,即两概念外延完全重合,如"孔子"与"《论语》作者"。

2. 真包含于关系,即外延小的概念包含在外延大的概念中,小概念对大概念即为真包含于关系,如"电脑"与"电器"。

3. 真包含关系,即外延大的概念包含着外延小的概念,大概念对小概念即为真包含关系,如"学生"与"大学生"。"真包含关系"与"真包含于关系"统称为"属种关系"(也可称"种属关系",其中外延大者为属概念,外延小者为种概念)。

4. 交叉关系,即两概念间外延部分相交,如"编辑"与"记者"。

5. 全异关系,即两概念间外延完全不相交,如"太阳"与"狗"。

两概念(a、b)间的五种外延关系图示

全同关系	真包含于关系	真包含关系	交叉关系	全异关系
(a.b)	(a(b))	(b(a))	(a)(b)	(a)(b)
a 1 斤 b 10 两	a 电脑 b 电器	a 学生 b 大学生	a 编辑 b 记者	a 太阳 b 熊猫

一、概念方面的逻辑错误

全异关系又可在同一属概念中分为矛盾关系和反对关系两种：

（1）矛盾关系，即在同一个属概念中，两个种概念外延之和等于属概念外延（中间没有第三种情况），这两个种概念则为矛盾关系，如"企业"中的"国营企业"与"非国营企业"，这种具有矛盾关系的两个概念，还被称为正概念和负概念（带有否定词），或称为肯定概念和否定概念。

（2）反对关系，即在同一个属概念中，两个种概念外延之和小于属概念外延（中间可能有第三种情况），这两个种概念则为反对关系，如"颜色"中的"白色"与"黑色"或"黄色"与"蓝色"等。

矛盾关系与反对关系图示

矛盾关系	反对关系
![c/a|b]	![c/a…b]
a 国营企业 b 非国营企业 c 企业	a 白色 b 黑色 c 颜色

上例中所犯的"外延过宽"的错误，也可称为"以属代种"的错误，因为"灯"与"电灯"两概念为属种关系，句中应将外延大的属概念"灯"改为外延小的种概念"电灯"。

② 今年过春节，他们除了利用空闲时间排练文艺节目，还根据我国历来正月初一吃饺子的风俗习惯，做了猪肉馅和牛肉馅的饺子。

[分析]

"正月初一吃饺子"是北方的风俗习惯，把它说成是"我国历来的风俗习惯"，概念外延过宽。这段话应在"风俗习惯"之前加"北方"予以限制，使其外延限定在北方范围。

③ 青年人,特别是女同志很想知道自己的体型。这里给大家提供一个测量体型的公式。

[分析]

这段话是想把"青年人"中的女青年加以强调,但却用了"女同志"这个与"青年人"是交叉关系的概念。这两个概念之间没有属种关系,"女同志"有超出"青年人"的部分,外延较宽,应将"女同志"改成"女青年"。

④ 东华服装店门前挂出一块牌子,上面写着:本店服装3—5折,售完为止。一位顾客进店以后选了一件毛衣,当要付款时,一位售货小姐却过来说:"这件毛衣不打折,打折的是过季服装,全在那边柜台上放着。"

[分析]

"本店服装3—5折"中的"本店服装"是一个笼统的概念,应包括店内的所有服装,而顾客进店买服装时却被告知,打折的是"过季服装",这实际是店主用一个外延较大的概念偷换了一个外延较小的概念,用以招徕顾客,误导消费者。

⑤ 这两天昆明下了一场大雪。雪太大,许多汽车停驶了,学校放假两天,集市上的蔬菜都涨到五元一斤,饭店的室内居然也滴水成冰,一些从北方来的客人真正叫起冷来。

[分析]

这段报道中说"集市的蔬菜都涨到五元一斤",其中"蔬菜"这个概念的外延太宽,不可能所有的蔬菜都涨到五元一斤,应对"蔬菜"这个概念加以限制,说明哪一种蔬菜涨到五元一斤。

⑥ 世界资源研究所的一份报告说,第三世界受农药污染极

一、概念方面的逻辑错误

为严重,每年发生 37.5 万起农药中毒事件。

[分析]

"每年发生 37.5 万起农药中毒事件"中的"每年"这个概念的外延很宽,可以指古往今来的任何一年。时间上不加限制,就会使人误认为年年都发生 37.5 万起农药中毒事件,至于这种情况发生了多少年,只能给读者留下疑问,这种表述是不严谨的。况且,"每年"都"发生 37.5 万起农药中毒事件",这样一个固定的数字,事实上也是不可能的。究竟是平均数,还是估计数,还是某一年的数字,应给予说明。

[说明]

"外延过宽"是一种常见的逻辑错误。它的表现主要是使用概念过于笼统,没有给予必要的限制,不能准确表达意思。产生此类错误的原因是忽略了在一定的语境中对概念的必要限制,用一个属概念代替了一个种概念。

避免此种错误,必须注意在行文中对概念外延的断定是否与句义相符。这种外延过宽的错误往往容易被忽略,其原因在于外延过宽的概念包含着应当使用的准确概念,因而稍一大意就会出现这种逻辑错误。上面几例都属此种情况。

此外,还应注意具体语境和习惯用语,不能认为一切使用外延较宽的概念都是逻辑错误,如说:"我喝了一口水",这里的"水"外延较宽,可以是白水、茶水、糖水、河水等。在一般情况下,没有必要"较真"究竟喝了什么水。

(七)并 列 不 当

——为什么不能说"老年人和高龄老人"?

1. 属种并列不当

① 他身为市委副书记,竟然以权谋私,违纪违规,利用各种

不正当手段,将自己的子女、亲属等 28 人,两年内先后调入市属机关任职。

[分析]

"子女"和"亲属"是两个具有属种关系的概念。"子女"包含于"亲属"的外延中。将属种关系概念作为不相容的并列关系处置,犯了"属种并列不当"的逻辑错误,可在"子女"后去顿点,加"及其他"。

② 许多人都知道,华罗庚的数学才能是熊庆来发现的,虽然华罗庚开始缺乏资历,又缺乏学历,然而熊庆来不拘一格取人才,把华罗庚请到清华大学当助理员,后来又破格提升为教授。

[分析]

"资历"是资格和经历的总称,而"学历"是指学习的经历,"资历"是包括"学历"在内的。从概念外延之间的关系看,"资历"和"学历"具有属种关系,"资历"是属概念,"学历"是种概念,把"资历"和"学历"并列使用,犯了"属种并列不当"的逻辑错误,可删去"又缺乏学历"。

③ 毕业后,他被派往英国格林尼治皇家海军学院深造;在那里,他在学习余暇,开始接触英国文学和欧洲文学,阅读英国历史。

[分析]

"英国文学"应包括在"欧洲文学"之中,是两个具有属种关系的概念。句中把"英国文学"与"欧洲文学"并列,会使人误解为"欧洲文学"不包括"英国文学"。如果需要强调"英国文学",应该改为"开始接触欧洲文学,特别是英国文学"。

④ 现在都兴用手机支付宝在网上购物,有的银行、商场还兴刷脸入门,这让不少退休的老年人和高龄老人很不适应。

一、概念方面的逻辑错误

[分析]

句中的"老年人"和"高龄老人",两者是属种关系,不能并列,因为"高龄老人"包含在"老年人"中,并列就造成二者没有关系的印象,可将"和"改为"尤其是"。

⑤ 展销会不仅接待国内和本市的用户,还欢迎世界各地商界人士光临。

[分析]

"国内的用户"和"本市的用户"是两个具有属种关系的概念,句中不应将它们当作不相容关系的概念并列使用。可改为:"展销会不仅接待国内的用户,还欢迎世界其他各地商界人士光临",或"展销会不仅接待本市和国内其他省市的用户,还欢迎世界其他各地商界人士光临"。

⑥ 原来那些出口导向的企业一下失去了外部市场,失去了订单,工厂公司企业经营出现了困难。

[分析]

"工厂""公司"与"企业"之间是具有属种关系的三个概念。"企业"是指"从事生产、运输、贸易等经济活动的部门,如工厂、矿山、铁路、公司等"(《现代汉语词典》),句中将"工厂""公司""企业"并列,犯了"属种并列不当"的错误,应删去"工厂"和"公司"或在"企业"前加"等"。

⑦ 我们热切地期望有更多的新时代的优秀干部形象出现在银幕上、舞台上和其他文艺作品之中。

[分析]

上句中的"银幕上""舞台上"和"文艺作品"之间,不是具有种属关系的概念,不能在中间加"其他"并列表达,应删去"其他"。

⑧ 有些图书馆陈列的书大部分是长、短篇小说和其他政治方面的书籍。

[分析]

"长、短篇小说和其他政治方面的书籍"中的"其他政治方面的书籍"是表示在政治书籍范围内除前面列举的政治书籍以外的部分。而此句中前边却是"长、短篇小说",这等于把小说也说成是政治书籍了,而"小说"同"政治书籍"之间并非种属关系,应去掉"其他"。

[说明]

"属种并列不当"是指将具有属种关系的两个概念在句中不恰当地并列使用,或在并列使用的几个概念中出现不恰当的属种关系概念。

上面列举的病例主要有如下几种情况:

1. 两概念间的属种并列不当(如例①"子女和亲属")。

2. 几个概念间的属种并列不当(如例⑥"工厂公司企业")。

3. 误用"其他"造成并列不当(如例⑧"小说和其他政治方面的书籍")。

产生此种错误的原因主要是对相容的属种关系与不相容的并列关系在外延上不加区别,把本来包括在大类中的小类与其大类并列起来,这样就会造成概念关系混乱,使读者对事物范围关系产生误解。

在日常的表达习惯中,有些把属种并列的用法应予注意:如习惯说法"团员和青年",其中的"青年",实际是指"非团员的青年";又如说"雷锋和所有英雄一样……",这里的"所有",实际是指"其他",也是强调雷锋是所有英雄的一员。对这些情况在作逻辑分析时,不能一概当作逻辑错误。

对属种关系的并列一般有两种处置方法:1. 种概念在前,属概念在后,属概念前加"其他"限制。如"小说及其他文学作品";2. 属概念

一、概念方面的逻辑错误

在前,种概念在后,种概念前加强调副词。如"干部尤其是党员干部"。对于多概念属种并列不当,一般只要把关系不当的概念加以调整或删去即可。

2. 交叉并列不当

① 在学好正课的同时,还大量阅读课外读物,政治理论、古典文学、小说、历史、地理、自然科学,什么都学。

[分析]

"古典文学"中有"小说","小说"中也有"古典文学",两者是交叉关系,并列会造成划分混乱,可将"文学"改为"诗词"。

② 太极拳辅导站多设在公园里,特别适合病人和老人学练,对各种慢性病的防治很有效益。

[分析]

"病人"和"老人"是交叉关系概念,这两个概念的外延间是部分重合关系,一般不能用"和"联结,否则,给人的印象是"病人"中无"老人","老人"中无"病人"。事实上"病人"中有一部分是"老人","老人"中有一部分是"病人",如果并列使用就会划分不清,以为没有既是"病人"又是"老人"的"有病的老人"。应改为"病人或老人",因为"病人或老人"是选择的逻辑关系,包括三种情况:一是"非老人的病人",二是"非病人的老人",三是"既是病人又是老人"。

③ 各级党政领导对所属部门的领导干部和党员干部中存在的严重违纪行为,决不姑息迁就。

[分析]

"党员干部"和"领导干部"是两个具有交叉关系的概念。作者将它们当作不相容关系的概念并列使用,是不恰当的。可做如下两种修改:(1)如侧重强调"领导干部"中的"党员干部",可改为"领导干部,尤其是党员领导干部……";(2)如果侧重强调"党员干部"中的"领导干部",可改为"党员干部,尤其是党员领导干部……"。

④ 参加这次冬泳表演的……年龄最大的70多岁,最小的13岁,还有几位女冬泳爱好者。

[分析]

对"参加这次冬泳表演的人"划分出"最大的70多岁""最小的13岁""几位女冬泳爱好者",显然是不恰当的。因为,"70多岁的"和"13岁的"人中,都可能有"女冬泳爱好者",它们之间是交叉关系的概念,犯了"交叉并列不当"的错误,可将"还"改为"其中",只表示有女性参加,不表示并列。

⑤ 我市就业困难人员与失业登记人员,共有3000人,已有1600多人被安置了工作。

[分析]

"就业困难人员"与"失业登记人员"是两个有交叉关系的概念,其中一部分是有双重身份的人,这部分的人数不确定,共有人数也就无法确定;而已安置工作的人数中,也就说不清两种人中各有多少人被安置了工作,其中具有双重身份的人又有多少,更无所知。应将两部分人员分别统计清楚,同时也要把有双重身份的人数统计出来,除去重叠的数,才能算准总人数,再算出各部分有多少人被安置了工作。

[说明]

"交叉并列不当"是指在句中把若干(两个或两个以上)具有交叉关系的概念作为不相容的并列关系造成的逻辑错误。

一般情况下,交叉关系不应并列使用,但在日常语言表达中,由于特定语境、语言习惯等因素,人们使用交叉关系概念时很灵活,如"男

一、概念方面的逻辑错误

女老少""高富帅"等;或者把一个对象的不同属性并列表达出来,如指某人是"战士和诗人",某位科学家是"数学家、物理学家、天文学家"等。因此,分析此类逻辑错误,不要死套理论,要注意语境及习惯;但对明显是交叉并列不当,影响表达,引起误解的,必须注意避免。

3. 层次并列不当

① 摄制组选定当年原地实景略加修饰拍摄,跑遍了古长安、陕西各地,为选择古建筑,增添盛唐风光,又来到北京。

[分析]

"古长安"是今天的西安市,地处"陕西",同"陕西"是部分与整体的关系,反映这种关系的两个概念不在一个层次,也是不能并列的,可以改为"古长安及陕西其他地方"。这种错误属"层次并列不当",与"属种并列不当"不同,其不同层次的概念是整体与部分之间的关系,不具有属种关系。

② 为了弄清捻军的活动区域,她沿着黄河流域当年捻军的活动路线,到过河北、山东、烟台、嘉祥、菏泽等地,实地勘查八千余公里。

[分析]

河北、山东是我国的两个省,而烟台、嘉祥、菏泽则是属于山东省的市或县,这样把省、市、县并列表达是不恰当的。从外延方面看,山东省与烟台、嘉祥、菏泽的关系是整体与部分的关系,不在一个层次。这段论述中,把属于山东省的烟台市、嘉祥县、菏泽市和山东省、河北省相提并论,犯了"层次并列不当"的逻辑错误。

③ 这次参会的 8 名代表是钟表店、酒店、按摩师、皮鞋店、花店、文具店、电气器具店、旧货店的老板或经理。

[分析]

"按摩师"与"钟表店""酒店""皮鞋店"等不是同一层次的概念。在"老板或经理"之外,强加一个"按摩师",将它们并列一起是不恰当的。可将"按摩师"放到全句最后,加一句:"再加1名按摩师。"

④ 她的离奇遭遇引起了公安部门、街道社区、新闻记者的广泛关注。

[分析]

"新闻记者"是人,与"公安部门、街道社区"等所属类别不同,句中将分属不同类的概念并列起来,犯了"跨类并列不当"的错误。句中的"新闻记者"可改为"新闻单位"。

[说明]

"层次并列不当"是指在句中把不同层次的概念混同并列的逻辑错误。列举的病例有下列几种情况:

1. 整体与部分的层次并列不当(如例①"古长安、陕西")。
2. 强加的层次并列不当(如例③"按摩师、皮鞋店")。
3. 跨类的层次并列不当(如例④"新闻记者")。

(八) 限 制 不 当

——为什么不能说"历史上的最好水平"?

① 一开门,出来一个男的小伙子。

[分析]

逻辑上所谓"限制"是通过增加概念内涵缩小其外延的逻辑方法。如对"人"增加一个"老"的属性,其外延则缩小为"老人",也就是把一个属概念缩小到它的一个种概念。

一、概念方面的逻辑错误

"小伙子"本来是男的,在没有必要强调其男性特征时,如果再用"男的"来做限制,既没有增加其内涵,也没有缩小其外延,纯属多余。

② 经过反复实验,多次攻关,该产品质量达到了历史上的最好水平。

[分析]

"水平"只能有高、低之分,没有好、坏之别,可以说"高水平""低水平",不能说"好水平""坏水平",属"限制不当"的错误。

③ 我父亲已去世一年,父亲在世的十几年中,经常教育我,要发扬艰苦朴素的优良作风。

[分析]

"父亲在世的十几年"作为一个活在世上的时间概念,不可能仅有"十几年",也就是说"父亲在世"不可能是"十几年"这个概念的属性。因此,用"父亲在世"限制"十几年"是不恰当的,应改为"父亲在去世前的十几年中……"或删去"的十几年中"并改为"时",才是恰当的。

④ 这些商品除了正常的渠道进货外,有不少是商店千方百计到外地自行采购来的。

[分析]

此句中的"渠道"前边用"正常"加以限制,使读者容易产生误解,会以为商店派人到外地自行采购商品属于"不正常渠道"。应将句中的"正常"改为"通常",其他进货方式属于"不通常",也就不会发生"不正常渠道"的误解了。

⑤ 有为青年都应当深刻地投身到社会主义现代化建设中去。

[分析]

怎样地"投身"呢？不可能有"深刻"地"投身"。一个表示程度的概念和一个表示动作的概念，如果在内涵和外延上都没有关联，也就无法进行概念的限制。应将"深刻"改为"积极"，表明以什么样的态度"投身"。

⑥ 如果不解决拖欠工资的问题，就不能盲目地上新项目。

[分析]

"盲目"还是"不盲目"与拖欠不拖欠工资，有何必然联系？难道解决了拖欠工资问题，就可以"盲目地上新项目"吗？显然，这里用"盲目地"限制"上新项目"是不恰当的。去掉"盲目地"，表述上不是更简明、更恰当吗？

[说明]

"限制不当"是一种常犯的逻辑错误。限制不当就是对一个被限制概念，用了不恰当的限制词未能缩小其外延而造成的逻辑错误。逻辑上的限制是在具有属种关系的两个概念之间，对属概念增加内涵来缩小其外延的逻辑方法，因此，凡不符合此原则的"限制"都属限制不当。

逻辑上的限制与语法上的限制或修饰，有所不同。虽然限制一般表现为名词前加定语，或动词、形容词前加状语，但在语法上起限制作用的定语，在逻辑上却不一定是限制，如"方便快捷的电子商务"就不是逻辑上的限制，因为定语"方便快捷"并未缩小"电子商务"的外延；而逻辑上不用定语倒可以是个限制，如"水果"限制为"梨"，因为缩小了"水果"的外延。

限制法是在日常生活中经常要用的方法，如日常购物时买一款手机，售货员要问你要买什么牌子、哪一款、大小、薄厚、功能等，就是让你对"手机"这个概念进行一次次限制,直到最后你要的那一款手机。买蔬菜时说要买"西红柿"也是对"蔬菜"的限制,因为二者具有属种关系。

上面所举的几个病例都属限制不当,有如下几种情况:

1. 限制与被限制概念内涵重复(如例①"男的小伙子")。
2. 限制与被限制概念内涵不合(如例②"最好水平")。
3. 限制与被限制概念时间含混(如例③"父亲在世的十几年")。
4. 限制词混淆误用(如例④"通常"误作"正常")。
5. 限制与被限制概念无关(如例⑤"深刻地投身")。

避免限制不当的错误,主要是斟酌使用限制词,使限制概念与被限制概念在内涵与外延上合乎逻辑要求,并且要合乎事理,限制后能恰当表达句义。

(九) 概 括 不 当

——为什么不能说"鱼、虾、盐、碱等水产"?

① 我国的江、河、湖泽盛产鱼、虾、盐、碱等水产。

[分析]

逻辑上所谓"概括"("扩大")是通过减少概念内涵扩大其外延的逻辑方法。如对"我国著名物理学家"减少一个"我国"的属性,其外延则扩大为"著名物理学家",也就是把一个种概念扩大到它的属概念。在属种概念间,只要能从种扩大到属,即为概括,如"熊猫是动物",就是把"熊猫"概括到"动物"。

上例中"鱼、虾"可概括到"水产",而"盐、碱"则都是化合物,不能概括到"水产",句中用"水产"概念来概括"盐、碱",犯了"概括不当"的逻辑错误。

② 据统计,去年到博物馆来参观游览的国内游客111万人,国外游客6.2万人。这些海外游客在这里花了65万多元。

[分析]

这里使用"海外游客"这一概念来概括"国内游客"和"国外游客",属于概括不当。因"海外"与"国外"同义,所以"海外游客"应仅指"国外游客",不能概括"国内游客"和"国外游客"。如果仅指"国外游客",也没有必要换用"海外游客"这个词,将"海外游客"改为"国外游客"即可。

③ 烤鸭店的老厨师同干部和职工一起研究利用鸭膀、鸭掌、鸭舌、鸭心、鸭胰和鸭胗肝等鸭内脏,加工制作出一百多种美味珍馐。

[分析]

"鸭心、鸭胰和鸭胗肝"都可以说是"鸭内脏",它们之间是种属关系,但"鸭膀、鸭掌、鸭舌"等并非"鸭内脏",它们之间并非种属关系,不能同"鸭心、鸭胰、鸭胗肝"一起列入"鸭内脏"的外延之内。显然是概括不当。

④ 植物的生长,都要吸收土壤里的水分、氮、磷、钾等肥料。

[分析]

句中在"水分"后用顿号,把"水分"也包括在"肥料"的外延中,犯了"概括不当"的错误。应去掉这个顿号,改用一个"和"字,以使"水分"和"肥料"在同一级上并列。此例说明,使用标点符号同逻辑也有关系,应注意标点在句中的逻辑意义。

⑤ 益美超市四层最近增添了新款手机、数码相机、超薄电视、频谱饮水机、纳米杯等最新电器产品,吸引了许多顾客光临。

一、概念方面的逻辑错误

[分析]

作者将列出的几种新产品都概括为"最新电器产品",是不恰当的。其中的"手机""相机""频谱饮水机""纳米杯"都不属于电器产品,也不能说都是"最新"。如果概括为"高科技产品",较为恰当。

[说明]

"概括不当"是指把种概念不恰当地概括到属概念的逻辑错误。上面列举的病例有如下几种情况:

1. 概括与某些被概括概念无属种关系(如例①"盐、碱"与"水产")。

2. 概念误用导致概括不当(如例②"海外游客"与"国外游客")。

3. 标点错误导致概括不当(如例④"水分")。

(十) 定 义 错 误

——为什么不能说"法律就是由国家政权保证执行的行为规则"?

① 法律就是由国家政权保证执行的行为规则。

[分析]

下定义是揭示概念内涵(本质属性)的逻辑方法,其逻辑要求是下定义概念必须与被下定义概念的外延完全同一。上句是给法律下定义,但下定义概念"由国家政权保证执行的行为规则"与被定义概念"法律",在外延上并不同一,因为除法律以外,还有其他一些也是"由国家政权保证执行的行为规则"。句中下定义概念的外延过宽,犯了"定义过宽"的逻辑错误,应在"由"字后边增加"立法机关制定"这一重要属性来限制,才是准确的法律定义。

② 企业就是从事现代化生产的经济活动部门。

[分析]

这句是给"企业"下定义,但下定义概念"从事现代化生产的经济活动部门"与"企业",在外延上并不同一。该句下定义概念的外延过窄,因为"企业"并不限于"从事现代化生产的经济活动部门",非现代化生产,如运输、贸易等经济活动部门也属企业范围,犯了"定义过窄"的逻辑错误。

③ 新闻就是新闻机构报道的新闻。

[分析]

这是对"新闻"下的定义。下定义概念中的"新闻机构"里的"新闻",以及句尾的"新闻",只是重复了被定义概念的"新闻",并未揭示出"新闻"的内涵,用"新闻"来解释"新闻",犯了"循环定义"的错误。"新闻"的定义应是:"通讯社、广播、电视等报道的消息"。

④ 有人在解释什么是"剩余价值"时说:"剩余价值不是工人全部劳动创造的商品价值。"

[分析]

句中对"剩余价值"的解释,是用一个否定的陈述给"剩余价值"下定义,但使用否定陈述并不能揭示被定义概念的内涵,只能说明它不是什么,而不能说明它是什么,当然也就揭示不了概念的本质特征,因此,这句不能成为定义。

"剩余价值"的定义应当是"由工人剩余劳动创造的那部分价值"。逻辑上"下定义不应用否定陈述"是给概念下定义的一条规则,违反此规则即为"否定定义"的错误,但有些是用否定概念作谓项揭示出定义概念中的本质属性,如"生荒地就是没有开垦过的荒地","无轨电车是不在轨道上行驶的电车"等,符合定义要求,不属于否定定义。

一、概念方面的逻辑错误

⑤ 书,就是人类进步的阶梯。

[分析]

这句是一个很好的比喻,但不是对"书"所下的科学定义,因为比喻只能帮助人们了解某一事物的某种特征,而不能揭示事物的本质属性。作为一般意义上的"书",是指"装订成册的著作"(《现代汉语词典》)。

[说明]

定义是揭示概念内涵的逻辑方法,是用简练的语句表达出概念的本质特征,帮助人们获得准确的科学知识。但逻辑学不能给人们提供定义的具体内容,主要提供定义的结构、方法和规则。

定义的结构包括被定义概念、定义概念和定义联项(是或就是)三部分。定义公式为"$Ds=Dp$"。例如:宪法(被定义概念"Ds")是(定义联项"$=$")国家的根本法(定义概念"Dp")。

下定义有许多方法,一般方法是用"属加种差"法,即用被定义概念的"属概念"(邻近的)加上"种差"(被定义概念及其并列种概念间的差异)即可构成"定义"。

例如:　　　偶数　　　就是　能被2整除的　　　整数
　　　(被定义概念)　＝　　(种差)　　(邻近属概念)

定义规则是:

(1) 定义概念与被定义概念必须外延同一(相应相称)。

(2) 定义不应循环。

(3) 定义不应用否定陈述。

(4) 定义不应使用比喻。

上面列举的病例主要有如下几种情况:

1. 定义过宽(如例①"法律")。

2. 定义过窄(如例②"企业")。

3. 循环定义（如例③"新闻"）。

4. 否定定义（如例④"剩余价值"）。

5. 比喻定义（如例⑤"书"）。

避免定义错误，从逻辑上主要注意定义项与被定义项外延是否同一，定义项是否揭示出被定义项的内涵（本质属性）；而要做到这一点往往需要有关具体内容的科学知识，否则仍然避免不了定义错误。

（十一）划 分 错 误

——为什么不能说"文学形式可分为小说、诗歌、音乐和绘画"？

① 高等院校的分类包括：综合大学、理工院校、农林院校、医药院校、财经院校、政法院校、师范院校、民族院校和国防工业院校。

[分析]

划分是揭示概念外延的一种逻辑方法，即把一个属（大类）分为若干种（小类）的方法。例如把人根据性别分为男人和女人；把三角形根据角的不同分为锐角三角形、直角三角形和钝角三角形。划分的结构包括被划分概念（母项）、用来划分的概念（子项）和划分的根据三个部分。划分的方法有一次划分、连续划分、二分法等。

划分的规则是：

（1）划分的子项外延之和必须与母项外延重合（相应相称）。否则会犯"划分不全"或"多出子项"的逻辑错误。

（2）划分后的子项必须互相排斥。否则会犯"子项相容"的逻辑错误。

（3）划分的根据必须同一。否则会犯"混淆根据"的逻辑错误。

（4）划分一般不应越级。否则会犯"划分越级"的逻辑错误。

分类属于科学完整的划分。上例句中对高等院校按专业分类,还应包括艺术院校、体育院校、外语院校等。因此,该划分犯了"划分不全"的逻辑错误。

②文学形式包括小说、诗歌、戏剧、散文、绘画和音乐。

[分析]

"文学形式"应包括小说、诗歌、戏剧和散文四种。绘画、音乐属于艺术形式。上述划分犯了"多出子项"的逻辑错误。

③这个货架上放着许多商品,其中有玩具、儿童用品、电动火车、塑料制品、各种棋类等。

[分析]

对货架上商品的列举,也是一种划分,应使其子项之间界限分明,而句中的"玩具"与"电动火车"是属种关系概念。"儿童用品"与"塑料制品"是交叉关系概念。此句犯了多项"子项相容"的错误,排列混乱,应按划分规则重新调整。

④农民在脱贫致富发展生产上,原本少门路者有之;缺技术少资金者有之;产品销路不畅者有之;卖猪卖花生难者有之。如今,国家脱贫政策精准到位,这些问题逐一得到解决。

[分析]

"产品销路不畅者"和"卖猪卖花生难者"是属种关系,前者已包含了后者,不必再予并列,逻辑上犯了"子项相容"的错误,可删去"卖猪卖花生难者有之"。

⑤德国的观众,文化界、新闻界以及各界知名人士,还有欧洲戏剧界同行们,对中国的话剧首次到德国演出表现出浓烈的兴趣。

[分析]

"德国的观众"包含"文化界、新闻界"的人士,以及"各界知名人士";而"各界知名人士"又包含"文化界""新闻界"知名人士;"欧洲戏剧界同行们"又包含"德国戏剧界的同行们"……而"德国戏剧界的同行们"又已包含在"德国的观众"之中,这种具有多重相容关系概念的并列表达,造成划分混乱,犯了"子项相容"的错误。可改为:"德国的观众,包括德国文化界、新闻界等各界知名人士;还有其他欧洲国家戏剧界同行们,对中国的话剧……"

⑥ 应接不暇的文件如铅印、油印、红头、紧急文件,传达不完,贯彻不完,还有填不完的表格,写不完的汇报,总结不完的典型……怎么招架得了!

[分析]

把"文件"划分为"铅印""油印""红头""紧急"几类是不恰当的。"铅印""油印"是根据印刷方式之不同划分的,"红头"指的是文件版头名称的颜色,"紧急"指的是文件的急缓程度。此句把根据不同划分标准得到的各子项平列起来,其中就会出现相互重叠交叉的情况,违反了划分规则,犯了"混淆根据"的错误,同时也造成了"子项相容"的错误。可改为"铅印、油印,其中有红头的,还有紧急的文件"。

⑦ 中国戏剧家协会举办的全国优秀剧本评奖中,得奖的剧作家有老年的、中年的、青年的、专业的、业余的,还有不少女作家。

[分析]

把得奖的剧作家分为"有老年的……还有不少女作家",是根据年龄、专业、性别等不同标准做出的划分,其中有多重交叉,应按不同划分标准区分出来,不能一律并列,可改为"有老年的、中年的、青年的,其中有专业的、业余的,还有不少女作家"。

⑧ 这次各地送来的候选图书,题材包括语文、史地、数学、力学、光学、电学、化学、动植物、科技制作等许多方面,体裁也比较多样。

[分析]

把"候选图书"分为"语文、史地、数学、力学、光学、电学、化学、动植物、科技制作等"方面不恰当。"力学、光学、电学"属"物理学","动植物"属"生物学"。上述分类,子项不是同一层次的概念,违反划分规则,犯了"越级划分"的错误。可将"化学"排在"数学"后,在"力学"前加"物理方面有",在"动植物"前加"还有"。

⑨ 星期日,我到公园去游玩,看到了许多飞禽走兽,有狮子、孔雀、白鹤;还有凶猛的老虎和狼,以及美丽的八哥。

[分析]

既然从总的方面看到了"飞禽、走兽",那在具体的陈述时就该把动物的名称按顺序排列,使前后照应。此句的划分顺序失当,犯了子项错置的错误。可改为"看到了许多飞禽走兽,有孔雀、白鹤、美丽的八哥,还有凶猛的狮子、老虎和狼"。

[说明]

"划分不当"是指在揭示一个属概念的外延时,没有准确恰当地列出它的种概念,违反划分规则造成的逻辑错误。

上面列举的病例主要有如下几种情形:

1. 划分不全(如例①"高等院校的分类……")。
2. 多出子项(如例②"文学形式"分出"绘画和音乐")。
3. 子项相容(如例③"儿童用品""塑料制品")。
4. 混淆根据(如例⑦"老年的""中年的""青年的""专业的""业余

的")。

5. 越级划分(如例⑧"力学""光学""电学""化学")。

6. 子项错置(如例⑨"飞禽走兽"有"狮子""孔雀""白鹤")。

分析划分的错误应注意:

1. "划分不当"与"概括不当"或"并列不当"有相似之处,但错误情况不同。"划分"是把一个母项分为若干子项,一般在句中被划分母项在子项之前;"概括"是把一类事物中若干对象归纳到一个大类(属概念),这个属概念,在句中一般放在后边;"并列"是把若干同系列的概念并列,在句中一般没有属概念。它们之间的共同点是都表现为若干概念的并列。

2. 划分不当错误,如果是"混淆根据",同时就会出现"子项相容"的错误;但也有只是混淆根据而子项不相容的情况(如"三角形"划分为"不等边、二等边、等角的")。

3. "划分不全"与"多出子项"可以同时出现(如"文学形式"分为"诗歌、小说、戏剧、绘画")。

4. 划分中可使用列举法,即举出若干子项,不要求列出母项的全部子项,但也要遵守划分标准同一并且子项不得相容的规则。列举法是一种日常应用的划分形式,一般都在列举后加一个"等"字,表示还有其他未举出的子项(如例③)。

5. 划分必须在具有属种关系的概念间进行,区别于把整体分为部分的"分解"。例如:把"树"分为树根、树干、树枝、树叶等,不是对"树"的划分,而是把"树"作为整体分解为若干部分,每一部分都不具有整体的属性,它们之间是整体和部分的关系,没有属种关系,不属于划分。

一、概念方面的逻辑错误

案 例 举 隅

一 明确概念 消除误解
——孙中山巧对犬养毅

1897年,孙中山侨居日本时,与日本著名政治家犬养毅相识。有一天,犬养毅问孙中山:"我真敬佩你的机智——,不过,我想问问您,孙先生,您最喜欢的是什么?"

"革命,把清政府推翻。"

"您最喜欢革命,这是谁都知道的,但除此之外,您最喜欢什么?"

孙中山停了片刻,用英语回答:"Woman(女人)。"

犬养毅拍手叫道:"很好,再其次呢?"

"Book(书)。"

犬养毅忍不住哈哈大笑,他嚷道:"这是很老实的话,我认为您会说最喜欢书,结果您却把女人排在书的前面,这很有意思,您这样忍耐着对女人的爱而拼命看书,实在了不起。"

孙中山说:"不是这样!我想,千百年来,女人总是男人的附属品,充其量做个贤内助。而我认为,她应该和母亲是同义语,当妈妈把她身上最有营养的乳汁喂给孩子的时候,当妻子把她真诚的爱献给丈夫的时候,她们的牺牲是那样的无私和高尚,这难道不值得爱吗?可惜,我们好些人都不珍惜这种爱,践踏这种爱。"

犬养毅听后,自知误解了孙中山的意思,而且十分佩服他的敏锐机智。

[简析]

孙中山在与犬养毅的对话中,觉察到犬养毅对自己所使用的"Woman"这个概念的含义有误解。英文"Woman"是一个泛指的概念,可指女人、女性、妻子、情人、女仆等。孙中山严肃地指出,他是将"Woman"这个概念作为"母亲"的同义语使用的,这就明确了其内涵,消除了对方有意或无意的误解。这个事例告诉我们,明确概念的内涵,是言语交际的第一要义。

二 限制一字 价值万金
——卓别林与影片《大独裁者》

1938年10月,幽默大师卓别林写了揭露希特勒的电影脚本《独裁者》。第二年春天,影片开拍时,派拉蒙电影公司说"理查德·哈克·戴维斯曾用《独裁者》写过一出闹剧。如果你一定要借用这个名字,必须付出25000美元的转让费,否则要诉诸法律。"卓别林灵机一动,当即在片名前加了一个"大"字,变为"大独裁者",并且风趣地说:"你们写的是一般独裁者,而我写的是大独裁者。"对方哑口无言。事后,卓别林说:"我多用了一个大字,省下了25000元,可谓一字值万金。"

[简析]

卓别林在"独裁者"这个概念前边,增加了一个"大"字,从而使"独裁者"的外延缩小到"大独裁者"的外延,这在逻辑上是用限制的方法,使"独裁者"和"大独裁者"成为具有属种关系的两个不同的概念,也就谈不到"借用"名字了,从而也就无须付转让费。可见,对一个概念多加一个字限制的事虽小,却能使卓别林获得了节省25000元的经济效益,事出意外,却合乎逻辑。

这个故事也印证了我国先秦名家公孙龙子的著名论题"白马非

马"具有种属关系的观点。"白马"在现实中属于"马",而在概念上,"白马"又不是"马",其内涵和外延都有所不同,二者为种属关系。"大独裁者"与"独裁者"的概念关系与"白马非马"一样,即"大独裁者非独裁者",其理相同。否则,卓别林如何能以《大独裁者》与《独裁者》一字之差,而节省万金!这也表明逻辑上的限制方法在现实生活中的作用。

三 一词两解 巧对难题
——刘墉妙解一年生、死多少人

有一年元宵节,乾隆皇帝登上北京正阳门,看见一群出殡的抬着棺材,又看见一群娶媳妇的抬着轿,从城下走过。乾隆指着这些人问足智多谋的东阁大学士刘墉(刘罗锅):"你说,一年生多少人?死多少人?"面对这个难以回答的问题,刘墉说:"生一个,死十二个。"乾隆很不解,又问:"国家这么大,人这么多,怎么说生一个死十二个呢?"对答:"陛下您想,我们国家再大,生得再多,一年也就一个属相;一年死得再多,也离不开十二个属相呀!"乾隆说:"刘墉啊,刘墉!我算服了你了。"说着赐御酒三杯。

[简析]
乾隆给刘墉提的问题,当时是很难回答的。当然刘墉也可以说,这个问题容臣进行一下调查统计,然后再做回答,但那又怎能表现出他的机智呢?刘墉巧妙地改变了思考问题的角度,他想到世上人虽多,但人的属相却只有十二个。于是他用了"一个"和"十二个"这两个既可以指人,也可以指属相的数量词,一语双关,便把难题化解了。"生一个,死十二个",听起来似乎指人,刘墉却改变了语境指属相。刘墉机智巧妙的释义,既回答了问题,又能自圆其说,可谓聪明之极。

逻辑上看,从人转移到属性似乎转移了话题,但在不同语境条件下却能作出合乎事理的解释,看似非逻辑的幽默,实则与逻辑并无矛盾。逻辑要求的同一,也是相对的同一,当把思考的对象从一年中人的生死多少转到一年中生死人的属相是多少时,唯一也是最佳的答案就是"生一个,死十二个",恰好能回答乾隆提出的难题,而且完全合乎事理,也合乎逻辑,否则,乾隆也不会说:"刘墉啊,刘墉!我算服了你了。"还赐御酒三杯。

四 划分两类 各得其一
——米芾巧赞宋徽宗

宋徽宗写得一手好字,许多大臣称赞说:"您的字真好,可称天下第一。"宋徽宗非常得意,一天问到大书法家米芾:"米爱卿,我的字怎么样?是否能说天下第一?"米芾的书法胜过宋徽宗,如何回答好呢?如果恭维皇帝第一,就会委屈了自己;如果夸耀自己,又会让皇帝扫兴。机智的米芾灵机一动,巧妙地答道:"臣以为在皇帝中,您的字天下第一;在臣民中,则微臣的字天下第一。"宋徽宗听了心领神会,很佩服米芾的机敏和才智。

[简析]

米芾面对宋徽宗提出的问题,没有简单地回答"您的字"是否天下第一,而是把书法放到不同范围的人群中去思考。他把人按身份不同分为"皇帝"和"臣民"两类人,然后把宋徽宗和米芾的书法,分别放到这两个类中去评价。这样就避免了米芾与宋徽宗在书法上比高下的局面,既赞扬了皇帝,也没贬低自己。这种在思维过程中以"身份"为依据,把"人"这个大类分为"皇帝"和"臣民"两类的过程,逻辑上是对划分方法的运用。

二、判断方面的逻辑错误

辞也者,兼异实之名以论一意也。

——荀子

对于一切事物不作判断,只是混混沌沌的,若有所思,若无所思,这样的人与草木何异?

——亚里士多德

判断是对思维对象有所断定的思维形式(例如"北京是中国的首都")。判断的主要特征是:一、有所断定;二、必有真假。判断由概念组成,并由它组成推理,因此,判断是联结概念与推理的重要环节。

判断的语言形式是语句,但语句并非都表达判断(如一般疑问句)。同一判断可以由不同语句表达,如"社会是发展的",也可说"没有不发展的社会";同一语句也可表达不同判断,如"我正在上课",既可理解为"我正在讲课",也可理解为"我正在听课"。因此,判断与语句之间并不是一对一完全对应。

判断的种类可根据是否包含其他判断分为简单判断和复合判断两大类。简单判断有性质判断、关系判断等,其语言表达形式为单句。复合判断有联言判断、选言判断、假言判断等,其语言表达形式为复句。另外,负判断(如"并非天鹅都是白色的")也属于复合判断。判断还可根据是否含有模态词(必然、可能等),分为模态判断和非模态判断。含有规范词(必须、允许等)的规范判断,属于广义模态判断。

性质判断是断定对象具有或不具有某种性质的判断,也是最基本最常用的判断形式,其结构包括主项、谓项、联项和量项四个部分。判断的主项与句子中的主语部分相当；谓项与句子中的谓语部分相当；联项是由判断词"是"或"不是"来表示；量项由表示数量的定语表示。例如，"所有的商品房都是劳动创造的"，其中"商品房"和"劳动创造的"分别是主、谓项，"是"为联项，"所有的"为量项。可见，对语句的逻辑分析与语法分析是相互为用，紧密相关的，只是所使用的术语有所不同。

虽然逻辑分析侧重在概念内涵和外延以及判断的真假方面，而语法分析侧重在语词成分搭配方面，但都离不开对自然语句的事理分析。一个正确的语句，既要合乎语法，也要合乎逻辑（包含事理），同时还要考虑语言表达的语境及约定俗成的习惯用语等因素。

判断中的逻辑错误，主要有：判断歧义、主谓失合、量项不当、误用否定、关系不合、模态混淆、规范不当、联言不当、选言不当、假言不当等。

（一）判 断 歧 义

——为什么不能写"今还欠款 4000 元"？

① 最近我们学校召集了高二 8 个班干部开会，研究如何评选优等生的问题。

[分析]

句中"高二 8 个班干部"是由词组表达的有歧义的概念，既可以理解为"高二的 8 名班干部"，也可以理解为"高二 8 个班的全体班干部"，由此造成歧义的判断，以致无法断定哪一种情况为真，应根据实际情况作出明确的表达。此种由歧义概念在语句中造成不同断定的歧义判断是各种判断中常见的逻辑错误。

二、判断方面的逻辑错误

② 大会将表彰57个先进集体和先进工作者。

[分析]

在并列处置的诸概念前边共用一个表数量的概念加以限制，往往会产生歧义。此句将"57个"加在"先进集体和先进工作者"的前边，说不清有多少个先进集体，多少位先进工作者。是说"57个先进集体"和"先进工作者"，还是说两者相加是"57个"，也无法断定，应明确两者各有多少。

③ 赵师傅一个班就修好了两辆"奥迪"和一辆摩托。

[分析]

"一个班"概念多义，既可指一个班的人，也可指一个班的时间，易产生判断歧义，应明确所指。如指时间，可在"一个班"后加"的时间"，如指人，则加"的人"。

④ 星期天，我陪着班主任，访问了多病的同学张×的父亲。

[分析]

"多病的同学张×的父亲"，既可以理解为同学张×是多病的，也可理解为同学张×的父亲是多病的。如是访问父亲，应改为"同学张×的多病的父亲"。

⑤ 张某向高某曾借款14000元，在张某还了部分借款4000元后，写下欠条："张某向高某借人民币14000元，今还欠款4000元。"事后，高某向张某索要未还的10000元，但张某却说："欠条上写明是还（读音hái）欠款4000元，不是10000元。"高某说："不对！欠条上写的是还（读音huán）欠款4000元。"

双方各说各的理，僵持不下，最后闹到法院。法院只好根据《合同法》规定，如果一方提供的用语可合理得出两种理解时，应选择不利于用语提供人的解释。张某是用语提供人,因此,确定"还"字读为"huán",张某应再还高某10000元。

[分析]

这场纠纷的产生,是由于张某所写欠条中的"还"字有歧义。同一个"还"字,可以有两种读音、两种词性、两种含义。如果读作"huán",作动词,则该句解释为"已经还了4000元";如果读作"hái",作副词,则该句解释为"还有4000元未还"。

仅从欠条上所写的句子,无法判断出究竟是哪一种情况,两种不同的解释都有合理性。尽管法院根据《合同法》作出了判决,也仍然说不清事实的真相。因而,为了避免此种情况,应据实写明:"已还4000元,尚欠10000元"为妥。

⑥ 国庆期间随旅游团去泰山游览,景点都挤满了人,转来转去,导游找不到旅游者着急了。

[分析]

句中"导游找不到旅游者着急了"包含着歧义,可以理解为"导游找不到旅游者,着急了",也可理解为"导游找不到,旅游者着急了",由于没有明确施受关系,导致"判断歧义"错误。例如说"我看到他非常高兴""咬伤猎人的狗"等都是施受性歧义判断。

⑦ 泰坦尼克号游轮沉没了,杰克深情地看着海伦慢慢地沉入海中。

[分析]

上例第二句"杰克深情地看着海伦慢慢地沉入海中",由于"沉入"的主体不能明确造成歧义,可以有三种理解:1."杰克深情地看着海伦一起慢慢地沉入海中"(杰克与海伦一起沉入);2."杰克深情地看着,海伦慢慢地沉入海中"(海伦沉入);3."杰克深情地看着海伦,慢慢地沉入海中"(杰克沉入)。知情者可以根据事实作出真实判断,不知情者虽一般会按第一种情况理解,但也不能排除其他两种可能情况的理解,应按真实情况作出明确表达。

[说明]

"判断歧义"是指一个语句中包含着两个或两个以上不同含义的断定。这种有歧义的句子,可以在各种不同种类的判断中发生,极易造成误解而又无法说清。造成判断歧义的原因很多,大多都是由于使用语词(概念)上有歧义造成。上例有如下几种情况:

1. 使用限制范围不明确的词组(如例①"高二8个班干部")。
2. 数量概括不明(如例②"57个……")。
3. 使用多义词(如例③"一个班")。
4. 使用多音歧义字(如例⑤"还欠款4000元")。
5. 施受混淆不明(如例⑥"导游找不到……")。
6. 主体不明造成(如例⑦"杰克……海伦……")。

避免判断歧义,主要是对概念要在一种确定意义上使用,尤其要注意词组的组成及前后的搭配上是否有歧义。如果是多义词,就要在句中给以限定词义;如果是对语词限制或组合的问题,可增加限制词或调整词序等方法解决。

(二) 主 谓 失 合

——为什么不能说"鲸是鱼"?

① 小吴的家乡是山东青岛市人。

[分析]

这是一个性质判断,也称直言判断,其中的主项是"小吴的家乡",

谓项是"山东青岛市人"。逻辑上要求其主项与谓项在外延上必须有相容关系，才能构成肯定判断；而句中主项"小吴的家乡"和谓项"山东青岛市人"，这两个概念在外延上没有任何相容关系，因而该句不能构成肯定判断，犯了"主谓不合"的逻辑错误。可删去"人"，改为"小吴的家乡是山东青岛市"，或删去"的家乡"，改为"小吴是山东青岛市人"。

② 林某的性格是一个爽朗的人。

[分析]

主项中的"性格"与谓项中的"人"，一个指人的性格属性，一个指人的实体，在概念的外延上没有任何相容关系，不能构成肯定判断。可删去"的性格"，改为"林某是一个爽朗的人"。

③ 他的几位女婿都是干部子女，而且都在政府机关工作。

[分析]

第一句主项中的"女婿"，与谓项中的"子女"（"儿子和女儿"的集合概念）在外延上没有任何相容关系，无法搭配。"女婿"只能是男性，不能表述为"子女"，应将"子女"改为"子弟"。

④ 我国的医保制度逐步完善，老百姓的疾病和医疗基本上是有保障的。

[分析]

后一句中的"医疗"可以是"有保障的"，"疾病"却不能是"有保障的"。"疾病"与"有保障的"作为概念在外延上没有任何相容关系，因而不能构成肯定判断的主谓项，该句可将"和"字去掉。

⑤ 在我们去南京的路上，正是三八妇女节。

二、判断方面的逻辑错误

[分析]

句中主项"在我们去南京的路上"没有表明是什么时间,只是说在"路上",而谓项"三八妇女节"是指三月八日那一天,因此,主项与谓项外延上没有任何相容关系,不能表达为肯定判断,应明确是路上的哪一天。

⑥ 鱼不是哺乳动物,例如黄鱼、鲤鱼、鲸等就不是哺乳动物。

[分析]

说"鱼不是哺乳动物"是对的,但在具体举例中,说"鲸不是哺乳动物"却是错的,因为"鲸"确是"哺乳动物"。"鲸"与谓项"哺乳动物"之间外延上是有相容关系的,逻辑上可以构成肯定判断,而且是"所有的鲸都是哺乳动物",上例后句中却表达为否定判断是错误的,因此,上述例句中应将"鲸"删去。

[说明]

"主谓失合"是指在肯定判断中的主项与谓项在外延上没有任何相容关系;或在否定判断中的主项与谓项在外延上没有任何不相容关系造成的逻辑错误。

语法分析中所说的主谓合不合,是指主语与谓语两个成分在意义上能否搭配,有没有陈述与被陈述关系。而逻辑分析中所谓主谓合不合,是指主项与谓项两个概念之间的外延关系是否恰当。

逻辑知识告诉我们:性质判断是断定对象是否具有某种属性的判断。性质判断的结构是由主项(S)、谓项(P)、联项("是"或"不是")、量项("所有""有的")四部分组成。性质判断有四种基本类型:

1. 全称肯定判断(所有 S 是 P),简称 A 判断。
2. 全称否定判断(所有 S 不是 P),简称 E 判断。
3. 特称肯定判断(有的 S 是 P),简称 I 判断。

4. 特称否定判断(有的S不是P),简称O判断。

还有一种"单称判断",是断定单独对象具有或不具有某种属性的性质判断,如"杭州是美丽的城市""这个人是我的同学"等。单称判断的逻辑形式是"这S是(不是)P",因其对主项(S)单独概念外延的断定与全称判断一致,一般分析时可作全称判断对待。在实际语句表达中,全称量项可以省略。单称量项"这个"在单独概念前可省略,用来限制普遍概念时不能省略。特称量项"有的"不能省略。

逻辑上对A、E、I、O四种性质判断的真假情况,可以根据判断中的主项与谓项之间的外延关系来判定。18世纪瑞士数学家欧拉曾用图解方法表示出概念间的五种外延关系,史称"欧拉图解"。我们用"欧拉图解"可以表示出A、E、I、O四种性质判断中主、谓项的外延关系,并由此可以判定A、E、I、O四种性质判断的真假。列表如下(S、P分别表示主、谓项):

判断的真假 \ 主谓项关系 \ 判断种类	全同关系 S.P	真包含于关系 P(S)	真包含关系 S(P)	交叉关系 S⋈P	全异关系 S P
A	真	真	假	假	假
E	假	假	假	假	真
I	真	真	真	真	假
O	假	假	真	真	真

由上表可以看出A、E、I、O分别在主、谓项具有何种关系时为真或为假。即:

1. 全称肯定判断(A判断)。其主、谓项外延关系是全同关系或真包含于关系时为真;是真包含关系、交叉关系、全异关系时为假。

二、判断方面的逻辑错误

2. 全称否定判断（E 判断）。其主、谓项外延关系是全异关系时为真；是全同关系、真包含于关系、真包含关系、交叉关系时为假。

3. 特称肯定判断（I 判断）。其主、谓项外延关系是全同关系、真包含于关系、真包含关系、交叉关系时为真；是全异关系时为假。

4. 特称否定判断（O 判断）。其主、谓项外延关系是真包含关系、交叉关系、全异关系时为真；是全同关系、真包含于关系时为假。

结合具体例句表解如下：

性质判断（四种类型）中主、谓项外延关系与判断的真假情况（实例表）

判断的语句形式及真假情况 \ 判断种类 \ 主谓项关系	全同关系 S.P	真包含于关系 P/S	真包含关系 S/P	交叉关系 S P	全异关系 S P
全称肯定判断（A）	所有的等边三角形都是等角三角形。（真）	所有的梨都是水果。（真）	所有的工人都是矿工。（假）	所有的青年都是工人。（假）	所有的鲸都是鱼。（假）
全称否定判断（E）	所有的等边三角形都不是等角三角形。（假）	所有的梨都不是水果。（假）	所有的工人都不是矿工。（假）	所有的青年都不是工人。（假）	所有的鲸都不是鱼。（真）
特称肯定判断（I）	有等边三角形是等角三角形。（真）	有梨是水果。（真）	有工人是矿工。（真）	有青年是工人。（真）	有鲸是鱼。（假）
特称否定判断（O）	有等边三角形不是等角三角形。（假）	有梨不是水果。（假）	有工人不是矿工。（真）	有青年不是工人。（真）	有鲸不是鱼。（真）

根据此表分析可以归纳两点：

1. 一个真的肯定判断（包括全称、特称），其主谓项外延之间至少有一个分子是相容关系；如果主谓项之间是全异关系，则不能构成任何真的肯定判断。上面例析中的大部分选例都属于这种"主谓失合"的错误。

2. 一个真的否定判断(包括全称、特称),其主谓项外延之间至少有一个分子是不相容关系;如果主谓项之间是全同关系或真包含于关系,则不能构成任何真的否定判断。

根据此表我们可以对 A、E、I、O 四种性质判断中任何一种判断判定其真假。

如例析①"小吴的家乡是山东青岛市人",这是一个全称(单称作全称对待)肯定判断,其主项"小吴的家乡"与谓项"山东青岛市人"之间在外延上是全异关系(如下图示),也就是上例分析时所说"主谓项外延之间没有任何相容关系";然后从上表可知:当一个全称肯定判断的主谓项外延为全异关系时,该判断为假。由此即可判定例①犯了"主谓失合"的逻辑错误。

"家乡"与"人"是全异关系

又如例析⑥"鲸不是哺乳动物",这是一个全称否定判断,其主、谓项外延是真包含于关系(见下图示);然后从上表可知:当一个全称否定判断的主谓项外延为真包含于关系时,该判断为假。由此即可判定例析⑥犯了"主谓失合"的逻辑错误。反之,如果说"鲸是哺乳动物"(全称肯定判断),其主、谓项之间是真包含于关系,则根据上表可知"鲸是哺乳动物",是一个真的全称肯定判断。

"鲸"与"哺乳动物"是真包含于关系

由此可见,对语句的逻辑分析与语法分析的角度不同。逻辑是指出判断的真假,语法是指出用词造句的正误。但由于都是对自然语言

二、判断方面的逻辑错误

的分析,所以都不能离开词义、句义;完全不考虑语义,就无从确定这些概念之间或句子成分之间的联结是否恰当。

逻辑着重在思维形式方面,但结合自然语言的逻辑分析,要求把形式和内容结合起来。一个性质判断的真或假,归根到底是由判断中所断定(肯定或否定)的主、谓关系与客观事物的关系是否一致决定的。因此,为了避免出现主谓失合的逻辑错误,必须对主项概念和谓项概念的内涵和外延关系都要有清楚准确的了解,才能作出合乎逻辑的断定,构成真的性质判断,从而作出合乎逻辑的语言表达。

在分析"主谓失合"的逻辑错误时,还需要注意语言表达的灵活性。有些作主项的语词,在一定的语境下,可作某种成分的省略而不影响表达,如"我们是社会主义国家""那厂是生产汽车的"等;前一句省略了主项中的"国家",后一句省略了谓项中的"工厂",对此不宜作逻辑错误分析。

省略不必要的重复,可使表达更简练,在日常对话时心领神会,可省略得更多。在一定语境下,能省则省,也是一条语用的原则,但切不可将关键词语省略掉。

(三) 量 项 不 当

——为什么不应说"有些贪污受贿案件必须严肃处理"?

① 今年年初,××部几乎所有的部长、副部长都下到基层,和干部、群众一起过元旦、春节……其他部长、副部长除留在机关主持日常工作外,也都深入第一线办公。

[分析]

国家机关的部长只能有一位,副部长可以有多位。在部长前边加了全称量项"所有"或"其他",都意味着部长不止一位,把单称的主项变成了全称或特称了,这显然是犯了"量项不当"的错误。此句可改成:"……××部部长和大多数副部长都下到基层……其他副部长……"

② 凡到过西安的人,无不去华清池一游。

[分析]

"华清池"位于陕西临潼县内。所有到过西安的人,不会也不可能都去游览"华清池"。此句中的"凡"是表示全称量项的,可将"凡"改为表示特称量项的"许多",后半句改为"都曾去华清池一游"。

③ 每一本书都是有教育意义的,应当让孩子多读点书。

[分析]

句中"每一本书都是有教育意义的"是一个全称肯定判断,这里的全称量项"每一本"使用不当。虽然一般来说,书是有教育意义的,但"书"的概念外延太广,古往今来各种内容的书,包括正式和非正式印刷的,不可能每一本书都有教育意义,可改为"许多有教育意义的书,应当让孩子多读点"。

④ 有些贪污受贿案件必须严肃处理,以严明法纪。

[分析]

这个句子是一个特称肯定判断,但结合内容的事理看,对贪污受贿案件都应严肃处理,不能表达为特称判断。虽然有时对全类情况可作部分情况的断定,但该句无此内容,难道还有不必严肃处理的贪污受贿案件吗?这里是把全称量项误作特称量项表达,犯了"量项不当"错误。

⑤ 武汉那个城市没有一天是晴天,那里没有一天不下雨。

[分析]

这两句都是表达了全称判断,但都不是全称判断的典型句式。

第一句是"没有S是P"的句式,实际相当"所有S都不是P",即"每天都不是晴天";第二句是"没有S不是P"的句式,实际相当"所有S都是P",即"每天都是下雨"。但是,这两句话都与实际情况不符。在不加任何时间条件的限制下,武汉既不可能"每天都不是晴天",也不可能"每天都是下雨",应根据实际情况改为特称表达。

[说明]

"量项不当"主要是指在判断中对主项的数量限制不恰当而造成的逻辑错误。上面列举的病例有如下几种情形:

1. 单称肯定误作全称肯定(如例①"所有的部长")。
2. 特称肯定误作全称肯定(如例②"凡……无不……")。
3. 全称肯定误作特称肯定(如例④"有些……")。
4. 双重变式特称误作全称(如例⑤"没有……是……")。

避免此类错误,就要把对象或事件的数量情况了解清楚,并用恰当的量项来表示。在性质判断中,表示全称量项的是"所有""一切""凡""全部""每一个"等。还有一些变化的句式,如"没有……不是……"表达全称肯定,"没有……是……"表达全称否定。

表示特称量项的是"有""有的""有些";还有一些有相对意义的特称量词,如"少数""多数""绝大多数""几乎全部"等。在使用这些表示数量的词语时,必须注意是否与实际情况相符,如果与实际情况不符,就会犯"量项不当"的错误。

(四)误 用 否 定

——为什么不能说"难道能否认他们不是夫妻之情吗"?

① 孔子是我国古代一位伟大的思想家、教育家,谁也不能否认他对后世传统文化发展没有影响。

[分析]

全句的原意是:"孔子对后世传统文化的发展有影响。"由于连用了三次否定("不能否认…没有"),实际表达的是一个否定判断,与原意相违,犯了"误用否定"的错误,应将"没有"改为"的"。

② 一位著名体育教练说:"我们不排除那些年轻选手不参加在我国举办的冬季奥运会。"

[分析]

教练说的原意是:"我们要让那些年轻选手参加冬奥会。"但句中却用了"不排除……不"三重否定,与原意相违,犯了"误用否定"错误,应删去后一个"不"。

③ 商品包装是否美观,必然会吸引顾客眼球,增加销售额。

[分析]

句中"是否"指两面,包含"美观"和"不美观"两面含义,与后面仅对美观效果的表述不能呼应,犯了"误用否定"错误,应将"是否"删去。

④ 公司没有一个人不认为干部职工团结搞得这样好,不是加强思想教育和管理工作的结果。

[分析]

句中用了"没有……不认为……不是"三重否定,表达的是"公司所有人都认为……不是加强思想教育和管理工作的结果",与原意相违,应去掉后面的"不"。

⑤ 难道能否认这位老干部和妻子之间的感情不是夫妻之情吗?

二、判断方面的逻辑错误

[分析]

"难道"是加强反问语气的副词,用在反问句的句首表示与原判断含义相反的判断。如:"难道是他错吗?"意为"并非是他错";"难道能否认是他错吗?"意为"肯定是他错";"难道能否认不是他错吗?"意为"肯定不是他错"。

原句用"难道能否认……不是"这种三重否定的句式,结论仍为否定,等于说这位老干部和妻子之间不是夫妻之情,显然与作者原意相违。应改为"难道能说这位老干部和妻子之间的感情不是夫妻之情吗?"或改为"难道能否认这位老干部和妻子之间的感情是夫妻之情吗?"

⑥ 我并非反对在这类影片里不该有某些爱情戏,而意在处理要妥当。

[分析]

上面这段论述,原意是:我并非反对在这类影片里有某些爱情戏,而意在处理要妥当。而句中却使用了一个包含三重否定的判断"我并非反对……不该有……",由于多用了一个否定词"不该",把本来要表达的意思说反了。

⑦ 他在铁证面前,拒不交代罪行,还是矢口否认他没有犯罪行为。

[分析]

前边说"他拒不交代罪行",后边作者本意是加强前边的意思,但是对"犯罪行为"连用"否认"和"没有",双重否定表达肯定,使该句表达为承认"他有犯罪行为",应将"没"字删去。

⑧ 有一段时间,感到学习英语很困难,本来基础就差,又没

有时间复习,这些都成了我不能继续学下去的阻力。

[分析]

"不能继续学下去的阻力"中的"阻力"是对"不能继续学下去"而言,把意思表达成"能继续学下去",显然与原意相违。这里误用了"不能"二字,应把"不能"去掉,或把"阻力"改为"理由"。

⑨ 旧城改造要注意避免别造成破坏老城传统风貌的现象。

[分析]

句中"避免别"包含两重否定,即其中加上"别"字,把"避免破坏老城传统风貌"的意思又给否定了,应去掉"别"字。

⑩ 只有严格按规定办事,认真负责,不徇私情,才能防止这次财务大检查不走过场。

[分析]

作者原意是"防止……走过场",而在"走过场"前加了一个否定词"不",原意就变成了"防止……不走过场",与愿意相违,应将"不"字去掉。

⑪ 来我店的顾客,拒绝不使用我店美容品的人还没见过。

[分析]

作者原意是要表达"拒绝使用我店美容品的人还没见过",但在"使用"前加了一个否定词"不",其意正好相反,成为"使用我店美容品的人还没见过",与原意相违,应去掉"不"字。

⑫ 我们班有些学生很聪明,就是有点缺乏没有上进心。

[分析]

作者原意是要表达"有些学生缺乏上进心",但在"上进心"前加了

二、判断方面的逻辑错误

一个否定词"没有",就变成了"缺乏的是没有上进心",这当然不是作者原意,应去掉否定词"没有"。

⑬ 能否正确计算应纳税款,是依法纳税的前提。

[分析]

这个判断的主项中包含"能否"(肯定和否定)两个方面,而谓项却只有"依法纳税的前提"一个方面,显然,主项中的否定方面与谓项无关,因此犯了"误用否定"的错误,也可叫作"一面对两面"或"照应不周"的错误,应删去"能否"。

⑭ 这场比赛失利,对中国女排最后能否夺标是带来很大的困难,但也并不是没有希望。

[分析]

前句是"比赛失利",只有否定一个方面,而后句却是中国女排最后能否夺标,即肯定与否定两个方面,造成前后不相应。实际上"比赛失利"只能对"能夺标"带来很大困难,而对不能夺标的方面并无关系,犯了"误用否定"的错误,应删去"能否"。

[说明]

"误用否定"是指在判断中由于误用否定造成联项不当的逻辑错误。联项不当是指在一个性质判断中断定(肯定或否定)不当,一般容易出现的毛病是在表达肯定意义中误用了否定意义词语,如用"不""无""没有""非""否",以及"防止""避免""缺乏"等造成的错误。"误用否定"在各种类型的判断中都可能出现,上面列举病例主要有如下几种情况:

1. 三重否定中误用否定(如例①"不能否认……没有……")。
2. 双重否定中误用否定(如例⑦"否认……没有")。
3. 语词搭配中误用否定(如例⑨"避免别"⑩"防止不"⑪"拒绝不"

⑫"缺乏没有"等的错用)。

4. 前后照应不周,"一面对两面"误用否定(如例⑬"能否……是……"等)。

避免此类错误,主要注意在使用否定词或有否定含义的语词时,与实际表达的句意是否相符。要了解双重否定和三重否定的常见用法;同时还要注意有否定含义的语词与其他语词搭配是否恰当。

在语言表达中,有些前后两面承接的情况是允许的,这是因为有些词的词义具有中容性,与两方面都相关,使用范围较宽,如"关键""关系"等词。这些词,往往与两面都可承接,不发生失去照应的问题,例如"学习好坏关键在于勤奋""能否把教育搞上去关系到国家的未来";至于像"这次实验能否成功是很难预料的",这种不确定情况的表述,是符合实际,合乎事理的,没有逻辑错误。

另外,有些习惯说法,不应看作误用否定,如"今天的联欢大会好不热闹",虽然句中用了否定词"不",但实际的表达意义不是否定"热闹",而是强调"热闹";又如"我没去你家以前",实际说的是"我去你家以前"。

(五)关系不合

——为什么不能说"缩小了十倍"?

① ××县目前小麦长势喜人。小麦单产普遍增加两成至三成。

[分析]

关系判断是断定对象之间关系的判断。例如:"一斤等于十两""我喜欢你""故宫在天安门与景山之间"等。关系判断的结构是由关系词(例中的"等于""喜欢""……在……与……之间")与关系项(例中

二、判断方面的逻辑错误

的"一斤""十两""我""你""故宫""天安门""景山")构成。

上句中的"增加"(关系词)是一个表示对象之间比较关系的概念，可以用"由……增加到……"表达两项关系的形式，也可以用"……比……增加……"表达三项关系的形式。

句中在使用"增加"这个关系词时，缺少了相应的关系项。因此，人们从句中弄不清楚是在什么基础上增加两至三成，犯了"关系不合"的逻辑错误。另外，根据句意，只能是估产，不能是实产。全句可改为"小麦单产估计今年比去年普遍增加两成至三成"。

② 红星养鸡场去年年产1万只鸡，今年增加到3万只鸡，增加了3倍。

[分析]

"倍"作为量词，表示"跟原数相等的数"。句中由1万只鸡增加到3万只鸡，实际增加的是2万只鸡，是增加原数1万的2倍，而不应是3倍，误用了"3倍"这个关系项。

③ 海鸥牌小型计算机比一般计算机缩小了10倍，使用起来很灵巧。

[分析]

"缩小""降低"后面一般不用"倍"字。如果缩小1倍，东西就没有了，10倍更是不着边际，句中应改为"缩小了十分之九"或"缩小到十分之一"。另外，句中用"一般计算机"作比较关系项，没有准确的可比性，应确定具体某种可比较对象。（注：过去也有用"倍"表达缩小的意思；在有的辞书中，"倍"有"折半"的义项，减少一倍就是减少一半）

④ 为了写好这篇重要文章，我们认真阅读了有关历史资料，根据大量的确凿事实，深入批判这种反对篡改历史的错误言论。

[分析]

句中"我们……批判这种反对篡改历史的错误言论",是一个关系判断,"批判"是关系词,其关系后项是"这种反对篡改历史的错误言论"。因为前面用"批判"后面用"反对篡改",把批判"篡改"变成批判"反对篡改",造成语义背反。既然已经"反对"了,谈何再批判"反对"?犯了关系不合的错误,应删去"反对"。

⑤ 在受灾国政府的积极努力和世界各国的广泛支持下,受灾国地区正在恢复地震破坏造成的创伤。

[分析]

这句话中的"恢复"和"创伤"关系不合。"恢复"的含义是把已经改变了的样子还原成为原来的样子。"恢复……创伤",则是把本来的创伤还要"恢复",显然是关系不合的错误。

⑥ 到了海边,小林张开嘴巴,尽情地呼吸着清新的空气、海水和阳光。

[分析]

这里"呼吸"作为关系词使用,它的关系对象只能是"空气",不可能包括"海水"和"阳光",由于误用关系项造成了关系不合。

⑦ 江西有个青年发明了一颗星,对我国天文科学的发展具有一定意义。

[分析]

对于一颗"星"来说,不能"发明"只能"发现"。发明是指创造出新事物或新方法,而发现是指经过研究、探索,看到或找到前人没有看到的事物或规律。句中应是发现一颗星,不应用"发明",这是对关系词的误用。

二、判断方面的逻辑错误

⑧ 市政府贯彻"执政为民"的方针,为老百姓办实事,设立了接待办公室,每天都要接待许多群众的来信来访。

[分析]

"接待"的只能是"来访",不能是"来信",句中"来信"作为关系项是多余的,应删去。

⑨ 听了公司领导的事故情况调查报告,有关部门立即召开了会议,互相做了深刻的自我批评。

[分析]

一个关系词可以具有多种关系性质。例如,"批评"是具有非对称性(可对称也可不对称)的关系词,即可以互相批评(甲批评乙,乙也可批评甲),也可以单方面批评(甲批评乙,乙可不批评甲);同时"批评"还是具有自返性的关系词,即可以对自己作自我批评(甲自我批评甲)。

在语言表达时,一般只能在其中一种关系性质上使用,不能同时在两种关系性质上使用。"批评"与"互相"结合,是在对称性关系上使用"批评"这个词;而把"批评"与"自我"结合,是在自返关系上使用"批评"这个词。

句中说"互相做了深刻的自我批评",则对"批评"这个词,既在相互对称性关系上使用,又在自返性关系上使用,这就混淆了对称关系和自返关系,使句意表达不清。如果要表达对称性关系,应改为"互相开展了批评";如果要表达自返关系,应改为"各自进行了自我批评"。

⑩ 公司总经理召开了全体员工大会,大张旗鼓地进行表彰和奖励,颁发了证书和奖状,登了光荣榜,并向家属送喜报,形成了人人争先、大众创新的新风尚。

[分析]

上文存在如下三方面逻辑问题：

1."颁发"是需要由三个关系项组成关系判断的关系词。它的一般形式是"由……向……颁发……"。句中第一关系项是"公司总经理",第三关系项是"证书和奖状",却没有第二关系项,不知公司总经理向谁颁发证书和奖状。

2."证书"和"家属"两个概念都缺少应有的限制。公司总经理颁发的是什么"证书"? 什么"奖状"? 一概不清楚。哪些人登了光荣榜? 向哪些人的家属送喜报? 是向所有员工的家属,还是向"获奖人的家属"送喜报,也都不明白。

3. 最后一句"形成了人人争先、大众创新的新风尚",但是,这种新风尚只有在公司召开大会以后,经过全体员工共同努力才有可能形成,不可能在召开大会的同时,就形成了这种新风尚,是一个不真实的判断。

因此,上文犯有关系项缺失、关系项不明和判断不实等逻辑错误。

⑪ 提倡编演健康的、民间传统的文娱活动,宣传新道德、新风尚。

[分析]

"编演……文娱活动"说不通。从语法上说是"动宾搭配不当";从逻辑上说,由于"编演"(关系词)中的"编"与"演"均不能与"活动"发生关系,犯了误用关系词的错误。可将"编演"改为"开展",或将"活动"改为"节目"。

⑫ 本次欧洲各路娘子军女篮大赛,最后决赛由胜出的两队争夺冠亚军。

二、判断方面的逻辑错误

[分析]

句中最后决赛应是"由……和……争夺冠军"构成的三项关系判断。在体育竞赛中,最后两队的决赛是争夺冠军,而句中后一关系项却是"冠亚军",多出了一个并列的关系项,应去掉"亚军"。

⑬ 愿望与现实中间有个不可缺少的条件,那就是付出勤劳和汗水。

[分析]

这个句子从表面结构上分析是一个三项关系判断。关系词"(在)……与……中间有个……",其中关系项有三个:"愿望""现实""条件"。但从整个句子的含义看,它所要表示的并不是表达"……与……中间有个……"中三者之间的位置关系,而是这三者间的一种条件联系。显然,这里用关系判断不能表示条件联系,犯了误用关系判断的错误。

原句应改为:"愿望变为现实有个不可缺少的条件,那就是付出勤劳和汗水。"它的条件关系判断应当是:"只有付出勤劳和汗水,才能使愿望变为现实。"可见,它不应该是一个关系判断,而是一个必要条件假言判断。

[说明]

关系判断是断定对象(关系项)之间具有某种关系(关系词)的判断。"关系不合"是指在关系判断中不能准确使用关系词、关系项或缺少关系项而造成的逻辑错误。上面列举的病例主要有如下几种情形:

1. 缺少关系项(如例①"……增加二成至三成")。
2. 关系背反(如例④"批判……反对篡改历史")。
3. 误用关系项(如例⑧"接待……来信")。
4. 多出关系项(如例⑥"呼吸……海水和阳光")。

5. 误用关系词(如例⑦"发明……一颗星")。

6. 混淆自返关系与对称关系性质(如例⑨"互相……自我批评")。

7. 误用关系判断(如例⑬"愿望与现实中间有个条件")。

避免此类错误,就要弄清各种不同的关系词所具有的关系性质,然后恰当使用关系词与关系项。在分析"关系不合"的逻辑错误时,也要注意语言表达中的省略用法,如"他的学习比我好",其后关系项"我"中省略了"的学习"。

还有一些是由动宾结构表达的某种关系,虽然字面上看不合事理,但是约定俗成的习惯说法,不应作逻辑错误分析,如"晒太阳""打扫卫生""恢复疲劳""救火"等。

(六) 模 态 混 淆

——为什么不应说"他必定考不上大学"?

① 该公司内部可能有人力资源管理部门,招聘工作一定是由他们管理。

[分析]

逻辑上把断定事物情况的可能性或必然性的判断,叫作"模态判断"。"可能""必然"称为"模态词",包含"可能"的叫"或然模态判断",包含"必然"的叫"必然模态判断"。

一个公司内部有人力资源管理部门应当是必然的,不是可能的,不应表达为或然模态判断,应把"可能"改为"必然"或"必定"。

② 离高考只有几天了,他还在玩,我看他必定考不上大学。

[分析]

这句话是对一种还没有出现的事情进行推测,表达了一个必然否

二、判断方面的逻辑错误

定模态判断:"他必定考不上大学。"这种模态判断没有可靠的依据,具有主观推测性,而事物本身的客观情况"能不能考上大学"却不是必然的,而是或然的,说"他必定考不上大学",只是一种夸张的说法,把"必定"改为"可能",才符合客观模态。

③ 路窄人多,势必发生拥挤事故。

[分析]

"势必"是表示事物必然性的模态,但路窄人多只是可能不是必然会发生事故,应将"势必"改为"可能"。此外,"拥挤"不是事故,应改为"因拥挤可能发生事故"。

④ 今天早晨天空晴朗,到了下午就阴云密布了,看来明天必然是个雨天了。

[分析]

天气变化是很难预料的。根据今天下午阴云密布,就推断明天必然下雨,显然是将事件的可能模态误作为必然模态了。应将"必然"改为"可能"。

[说明]

"模态混淆"是指将必然与可能两种不同的模态混淆造成的判断错误。上面列举病例有如下两种情形:

1. 必然误作可能(如例①"公司可能有人力资源管理部门")。

2. 可能误作必然(如例④"明天必然是个雨天")。

避免此类错误,主要应把握好各种模态判断的逻辑性质,注意应用模态词要与事物客观的模态相符。对客观上无法确定的事情,主观推测的断定具有不确定性,可能出错,不能作必然性断定。

（七）规 范 不 当

——为什么不能说"到了法定婚龄就应当结婚"?

① 这对年轻恋人从小青梅竹马,真是天生一对。双方家长亲友早就盼着喝喜酒了,可是到了应当结婚的年龄,却不见动静。有人说,按规定该结婚了还不结,时间长了,说不定会有变化。

[分析]

逻辑上把包含"必须"（"应当"）、"允许"（"可以"）等规范词对行为作出某种规定的判断,叫作"规范判断"。包含"必须"的叫"必须规范判断";包含"允许"的叫"允许规范判断"。

《婚姻法》对结婚年龄有"男不得小于 22 岁,女不得小于 20 岁"的法律规定,其中的规范词"不得"相当"不允许"。这里规定的是一个可以结婚的年龄底线,即"不允许男的小于 22 岁,女的小于 20 岁",并没有规定男的 22 岁以上,女的 20 岁以上必须结婚。

因此,不能说"到了应当结婚的年龄",只能说"到了可以（允许）结婚的年龄";也不能说"按规定该结婚了",应当说"按规定可以结婚了"。

② 执行公务的交警可以着装上岗,既便于群众识别,也便于执行公务。

[分析]

交警必须着装上岗是公安部门规定的行为规范,用"可以"就降低了规范要求,也违反了规定,应将"可以"改为"必须"。

[说明]

规范判断是用"允许""必须"（"应当"）等规范词对行为作出某种

规定的判断。规范判断在日常生活和工作中,尤其在各种法律条文的规定方面使用频率很高。

例如有记者报道:2015年第十二届全国人大三次会议上,代表审议立法法时,有代表对有关条文"咬文嚼字"时说:"立法法修正案草案提到,法律案有关问题存在重大意见分歧或者涉及利益关系重大调整的,可以召开听证会。我建议,把'可以'改为'应当'。"还有人提到:"立法法修改后的第53条:专业性较强的法律草案,可以吸收相关领域的专家学者参与起草工作。应把这里的'可以'改为'应当'。"(据2015年3月10日新华网北京3月10日电《从"可以"到"应当"代表审议立法法"咬文嚼字"》)

"规范不当"是由于混淆了不同的规范词而造成的规范不当的错误。上面例句的错误有如下两种情况:

1. "允许"误作"应当"(如例①"到了应当结婚的年龄")。
2. "必须"误作"可以"(如例②"交警可以着装上岗")。

避免此类错误,首先要熟悉各种规范词的规范性质,才能恰当运用规范判断使表达准确无误;同时还要注意规范的社会制约性,不同社会(国家)的规范有所不同,例如中国有国家严格禁止(不允许)私人持有、制造、买卖、运输、出租、出借枪支的法律规定,而美国却有法律规定允许且保护美国公民有持枪的权利。

(八)联言不当

——为什么不能说"孟子是思想家,并且是儒家创始人"?

① 我国战国时期的孟子,是伟大的思想家,并且孟子也是儒家的创始者。

[分析]

联言判断是断定几种情况同时存在的判断,其语言形式主要是联合复句,如"我会开车,并且,我会修车"。其中分句在判断中叫"联言支",连词(并且)叫"联结项"。联言判断的逻辑规则是:支判断都真则联言判断为真;支判断至少有一假时则联言判断为假。

上例是用联合复句表达的联言判断,其中后一支判断"孟子也是儒家的创始者"是错的,应是孔子才对,因此按照逻辑规则,有一支判断假,该联言判断为假,犯了"联言不当"的逻辑错误。

② 共青团召开的全国共青团工作会议胜利闭幕了,各级团组织贯彻和学习这次会议的精神,将是今后一个时期的主要任务。

[分析]

在分析联合复句时,还要考虑分句间的语序是否恰当。上例中的第二句,是一个联言判断的压缩表达形式,原句应是:"各级团组织贯彻这次会议的精神"和"各级团组织学习这次会议的精神",显然这两个联言支顺序不当,应先"学习"而后才能"贯彻",犯了"联言不当"错误。

对于语序问题需要说明的是:普通逻辑教科书在吸取数理逻辑成果时,采用了"真值表"方法表示复合判断的真假值判定,其合取命题的真假值只取决于支命题的真假,与支命题的顺序无关,其"合取交换律"也才成立(p 且 $q = q$ 且 p);但是,在自然语言中的语序却很重要。如果联言支的表达顺序不当,会导致与事理相悖而使整个判断不能成立;甚至可以使表达的语义相反,如"屡战屡败"与"屡败屡战"其含义大不一样。

③ 在学校教育中,我们不但要进行共产主义思想教育,而且

二、判断方面的逻辑错误

还要进行遵纪守法的教育。

[分析]

除联合复句外,递进复句和转折复句,因其分句也都是同时断定两种情况存在,逻辑上也属于联言判断的语言表达形式。

上例是递进关系的联言判断,递进关系要求语意重心在后;如果语意平列或语意重心在前则不能构成递进关系。句中的"遵纪守法教育"是基本的行为规范教育,而共产主义思想教育显然是比它要求更高的人生观教育,是判断的语意重心,只有放在后面才能构成递进关系。原句颠倒了递进关系,语序上联言不当。

④ 是非一定要辨清,原则却不能谦让,但为的是探求真理,不是为争我高你低。

[分析]

四句话用了两个转折关系的连接词。第一个连接词"却"使用不当,因为"是非要辨清"与"原则不能谦让"之间并无转折关系,应将"却"改成"也"。第二个连接词"但"使用也不当,因为前面两个分句与"但"后面的"探求真理"及"不是为争我高你低"仍无转折关系,应将"但"去掉。

原句两次转折不当,可改为并列的两个联合复句构成的复合联言判断:"是非一定要辨清,原则也不能谦让,为的是探求真理,而不是为争我高你低。"

⑤ 造纸厂排放未经处理的废水,使周围河湖的水质黑臭,鱼虾绝迹,莲藕、苇蒲等水生植物大量减产和绝产。

[分析]

"莲藕、苇蒲等水生植物大量减产和绝产",意思是说这些水生植物"大量减产"并且"绝产",显然将这两个概念并列使用造成了表述上的矛盾,是"大量减产"就不是"绝产",是"绝产"就不是"大量减产",二者不能并列对同一主项进行陈述。这种情况实际上是两个判断的"联言不当"。可改为"大量减产,甚至有的绝产",从程度上区别,或者去掉"绝产"。

⑥ 要不要实行体制改革是促进生产持续高速发展的重要前提。

[分析]

上句表达了一个联言判断的压缩式。一个支判断是"要实行体制改革是促进生产持续高速发展的重要前提"。一个支判断是"不要实行体制改革是促进生产持续高速发展的重要前提"。从判断的内容看,这两个支判断是互相矛盾的,不能同时是真的。然而,按联言判断要求,两个支判断必须同时被断定为真,联言判断才能为真,因此,这个联言判断是不能成立的。该句也可作为性质判断分析为"一面对两面"的错误,可将上句中的"要不要"删去。

⑦ 下面的例子都见于10月14日晚报的1版和4版。

[分析]

"1版"和"4版"这两个概念在这个句中不应并列,因为"例子"中的每一个都不可能同时出现在"1版和4版"。原意用一个"都"字和一个"和"字想说明所有这些例子不是出现在第1版,就是出现在第4版,但是把不相容选言关系表达为联言关系,这是不恰当的,应改为"下面的例子见于10月14日晚报的1版或4版"。由于用了"或","都"字就应去掉。如果能明确哪些在1版、哪些在4版则更好。

[说明]

联言判断是断定几种情况同时存在的判断。联言判断的组成、规则及语言形式等,在例①的分析中已作介绍。

"联言不当"是指在联言判断中包含着假判断,或联结不当造成的逻辑错误。上面列举的病例有如下几种情况:

1. 包含一个假支判断(如例①"孟子是儒家的创始者")。
2. 两个支判断顺序不当(如例②"贯彻和学习……")。
3. 两个支判断递进不当(如例③"不但…而且…")。
4. 误用连接词转折不当(如例④"却……,但……")。
5. 支判断互相矛盾(如例⑤"大量减产和绝产")。
6. 联言压缩式中含假支判断(如例⑥"要不要……")。
7. 选言误作联言(如例⑦"1版和4版")。

分析此类错误,首先要找到联言判断中的联言支,并注意句中有无复句压缩、成分省略和是否包含假判断。避免此类错误,既要注意联言支是否真,同时还要注意并列复句、递进复句和转折复句的不同连接词使用是否恰当。

(九) 选 言 不 当

——为什么不能说"科研机构的任务是或出成果,或出人才"?

① 为了早日实现建成社会主义强国的伟大目标,就要大力发展科学技术事业。科研机构的基本任务就是要或出成果,或出人才,促进科技事业大发展。

[分析]

选言判断是断定几种可能情况至少有一种情况存在的判断。它是由选言支和联结项组成。选言判断分为相容选言判断(选言支可同类)和不相容选言判断(选言支不能同类,且只有一类)两种,语言形式为选择复句,连接词有"或者……或者……"(表达相容或不相容皆可)、"要么……要么"(表达不相容)等。

上例中的"或出成果,或出人才",是一个相容选言判断,意味着可有三种情况:一是出成果不出人才;二是出人才不出成果;三是出成果又出人才。显然,作为科研机构的基本任务不能是如此不确定的多重选项,逻辑上犯了"选言不当"的错误,应改用"既出成果,又出人才"的联言判断,因为联言判断的逻辑要求是两个并列的支判断必须同真(既……又……),而且没有其他不确定的选项。

② 这次在西太平洋上空飞机出事的原因,有关方面有人分析认为:要么是机械故障,要么就是驾驶失误。

[分析]

有人认为:"要么是机械故障,要么就是驾驶失误",其中的"要么……要么……"是表达不相容关系的选择连接词,而且排除了其他选项。但是,飞机失事的原因,可能是一种,也可能是多种原因;分析时既不能用不相容选言判断("要么……要么……"),只在两种选择中选一种,也不能遗漏其他可能的选言支。该句犯了"选言不当"的逻辑错误,应将"要么……要么……"改为"或者……或者……",并且还应加上"或者其他原因"为妥。

③ 儒家吸取诸家而使自己的学说得到发展……要么取之于道家,或取之于法家,并取之于墨家……

[分析]

句中连接词"要么……或……并……"用法既不合乎语法,也不合乎逻辑。逻辑上,"要么……要么……"是表达不相容选言判断的连接词;"或……或……"主要是表达相容选言判断的连接词;"……并……"是表达联言判断的连接词。三者各有其逻辑性质,不能混淆。根据"儒家吸取诸家"的句意,可改为"或取之于道家,或取之于

二、判断方面的逻辑错误

法家,或取之于墨家",用"或"取其相容之意;也可改为"既取之于道家,也取之于法家和墨家"。

④ 有些家属或亲友不在身边而单人死亡的尸体,当出现暗紫红色的尸斑后,往往是因他杀,或投毒致死。

[分析]

被人"投毒致死"应当属于"他杀"的范围。"被人投毒"与"他杀"是种属关系,不存在选择关系,不能构成选言判断。可将"或"改为"被"。

⑤ 根据国家文物管理法规,1795年(清代乾隆六十年)以前的文物,一律不准出口。某人知法犯法,情节严重,已构成盗运珍贵文物出口罪,被判处有期徒刑15年。两名同案犯被分别判处有期徒刑5年或4年。

[分析]

这段报道中的最后一句话里的"或"字用得不妥。"或"字是选言判断的逻辑标志。然而,报道中实际要表达的是两名同案犯被分别判了不同的有期徒刑,其中一名被判5年,另一名被判4年,没有任何选择关系,应将"或"改为"和"。

[说明]

"选言不当"的错误是指在选言判断中使用选言支不当(或遗漏),或误用连接词造成的逻辑错误。上面列举的病例有如下几种情况:

1. 误用相容选择连接词(如例①"或出成果,或出人才")。
2. 误用不相容选择连接词(如例②"要么是机械故障,要么就是驾驶失误")。
3. 混用选择连接词(如例③"要么……或……并……")。
4. "和"与"或"混淆(如例⑤"5年或4年")。

避免此类错误,首先要对选择的多种情况有较全面的了解,并要

咬文嚼字的逻辑(修订版)

搞清可能情况之间是否相容,以及是否恰当地使用了选择连接词。如"或者……或者……"主要表示相容选择关系,而"要么……要么……"只表示不相容选择关系。

有时对不相容的二支选言,加上"二者不可得兼"或"二者必居其一"(如"电池的一端要么是阳极,要么是阴极,二者必居其一"),以表明二者排斥并穷尽选言支。用"宁可……也不……""与其……不如……"等表达的取舍复句,也属选言判断,只是在选择中含有取舍之意,如"宁可智取,也不强攻"。

(十) 假 言 不 当

——为什么不能说"只有患了高血压,血压才会升高"?

① 在全国青年歌手选拔赛中,如果嗓子好,唱得生动感人,就能被选入决赛。

[分析]

假言判断是断定一种情况是另一种情况条件的判断,也可说是有条件地断定某种情况存在的判断。它是由假言支(分称"前件"和"后件")和联结项(连词)构成。假言判断的语言形式是假设复句和条件复句。假言判断有三种类型:

充分条件假言判断。"充分条件"是指有"此条件"(前件)必引起"某结果"(后件),此条件则为充分条件,连接词主要是"如果……那么(就)……",例如:"如果天下雨,地就会湿。"逻辑要求是:前件真,后件必真(前件假,后件可真可假)。

必要条件假言判断。"必要条件"是指无"此条件"(前件)必不能引起"某结果"(后件),此条件则为必要条件,连接词主要是"只有……才……",例如:"只有学习好,才能评为三好生。"逻辑要求是:前件假,后件必假(前件真,后件可真可假)。

二、判断方面的逻辑错误

充分必要条件假言判断,简称"充要条件假言判断"。"充要条件"是指有"此条件"(前件)必引起"某结果"(后件),无"此条件"(前件)必不能引起"某结果"(后件),此条件则为充要条件,连接词主要是"如果而且只有(当且仅当)……就(才)……",例如:"如果而且只有体温升高,体温表的水银柱就(才)会升高。"逻辑要求是:前件真后件必真,并且,前件假后件必假。

严格意义上说,前两种应是"充分不必要条件"和"必要不充分条件",与"充分必要条件"三者并列划分,才更严谨完整。在应用中,"如果……就……"既可表达充分条件也可表达充要条件假言判断,如"如果三角形等边,就必等角"。

上例是一个由假设复句表达的充分条件假言判断,连接词是"如果……就……"。充分条件假言判断的逻辑要求是前件真,后件必真。而句中的前件"嗓子好,唱得生动感人",只是一项必要条件,并不能成为后件"被选入决赛"的充分条件,还要考察知识、听辨能力等其他条件,应改用表达必要条件的连接词"只有……才……"。

② 正常人的血压是不会高的,只有患了高血压,血压才会升高。

[分析]

第一句"正常人的血压是不会高的",是一个不真实的判断,实际上正常人的血压有时也会升高。第二句是由一个条件复句表达的必要条件假言判断,连接词是"只有……才……"。必要条件假言判断的逻辑要求是前件假,后件必假。而句中的前件"患了高血压"如果为假("没有患高血压"),并不能使后件"血压会升高"为假("血压不会升高"),因为没患高血压,血压也会升高。

因此,上例前句不真,后句假言不当。后句中"患了高血压"与"血压会升高"之间并不是必要条件关系,应为充分条件关系,即"如果患了高血压,血压就会升高"。全句可改为"正常人的血压有时也会升高,如果患了高血压,血压就会升高"。

③ 美术馆举办中外现代著名画家精品展,包括有齐白石、徐悲鸿、李可染、毕加索、梵高等大师的作品。参观者可凭有效身份证件免费入场。美院学生小张赶巧路过,机会难得,但身上只有一张银行卡,心想"没有身份证件,有卡也许能行"。售票员却严肃地说:"必须按规定办,如果有身份证件,就免费送票,没有就不能送票。"小张只好去买票了。

[分析]

上例中售票员说的"如果有身份证件,就送票,没有就不能送",是一个充分必要条件假言判断,其连接词是"如果有……就送……;没有……就不送……",其中"没有……就不……",相当于"只有……才……",这样售票员的话表达的是一个充分必要条件假言判断。

因此,小张的错误就在于:没有理解到"有没有身份证"对"能不能送票"是一个既充分又必要的充要条件关系,以为"没有身份证件,有卡也许能行"。应当先问一句:"没有身份证,其他证件行不行?"如果售票员说"不行",就是将"有身份证"与"免费入场"表达为充要条件关系;如果说"行",就是将"有身份证"与"免费入场"表达为充分(不必要)条件,持其他卡就有可能让进。小张犯了误把"充要"当"充分"的错误。

④ 如果他能真心悔改,主动交代自己的罪行,才能在法律规定的范围内受到从宽处理。

[分析]

这句话表达的是一个假言判断。但是,它所用的逻辑连接词"如

二、判断方面的逻辑错误

果……才能……",是将充分条件与必要条件相混淆,其表达的假言判断究竟是充分条件假言判断,还是必要条件假言判断,很难加以断定。

⑤ 爱情的花芽因风吹雨打才更加茁壮。

[分析]

"风吹雨打"不能构成花芽"更加茁壮"的必要条件。"更加茁壮"也不是风吹雨打产生的结果。此句用"因"与"才"联结不当。属强加条件的错误。

⑥ 我们应该刻苦学习,否则不学习,就很难把自己培养成建设祖国的有用人才。

[分析]

"否则……就……"相当于"如果不……就……",句中的"否则不学习"就等于说"如果不是不学习"(即"如果学习"),这显然与作者原意相违。其实只要把"否则"改为"如果"即通。

⑦ 老人最好不吃小摊上的食品,以免发生食物中毒。

[分析]

句中虽然没有假设复句的连接词"如果……就……",表达的却是一个充分条件假言判断:"(如果)老人不吃小摊上的食品,(就)不会发生食物中毒。"但是,其前件"老人不吃小摊上的食品"与后件"不会发生食物中毒"之间,并没有充分条件关系。老人不吃小摊上的食品,也会因吃了不是小摊上的不卫生食品而中毒。而且,"老人不吃小摊上的食品",也不是"不会发生食物中毒"的必要条件,因为老人吃小摊上的食品,也不一定会发生食物中毒。

因此,这里的前件与后件之间,既没有充分条件关系,也没有必要条件关系,属于条件不当的错误。可将原句只限定在吃不吃小摊上食品的范围来说,改为"老人最好不吃小摊上的食品,以免(相当于"就不")因吃小摊上的不洁食品而发生食物中毒"。

[说明]

假言判断是最常使用的一种判断形式。"假言不当"的逻辑错误主要是指在一个假言判断中误用条件关系,或混淆条件关系而造成的逻辑错误。上面列举的病例有如下几种情况:

1. 必要条件误作充分条件(如例①"如果……就……")。
2. 充分条件误作必要条件(如例②"只有……才……")。
3. 误把充要条件当充分条件(如例③"没有……也许能行")。
4. 混淆充分与必要条件关系(如例④"如果……才……")。
5. 强加条件(如例⑤"因风吹雨打……才……")。
6. 误用前件连接词(如例⑥"否则"应用"如果")。
7. 误用条件关系(如例⑦"不……以免……")。

避免此类错误,首先要掌握假言判断的各种条件关系及其逻辑规则。假言判断是通过假设复句和条件复句表达的,因此必须掌握与各种条件关系对应的关联词语的用法。还应注意,连接词在语言表达中常有部分省略;还有的连接词可表达其他关系,例如,"如果说他过去身体瘦弱,那么现在他已经很健壮了"是表达前后对比关系。

假言判断常用连接词简表:

假言判断种类	充分条件	必要条件	充分必要条件
对应连接词	如果,就	只有,才	当且仅当,就(才)
	假如,就	必须,才	如果,就,而且,只有,才
	要是,就	除非,才	……
	只要,就	……	
	一旦,就		
	……		

案例举隅

一 巧设歧义 李白受骗
——"十里桃花"与"万家酒店"

据清代袁枚《随园诗话补遗》记载，唐天宝年间，安徽泾县豪士汪伦居住在县西南桃花潭畔。他特别喜欢李白的诗，十分向往与李白相识。一年春天，听说大诗人李白南下旅居南陵叔父李冰阳家，欣喜万分，便想邀请李白来家中作客，但又怕大诗人不肯来，遂修书一封以表邀约诚意。汪伦深知李白好酒，喜游历，信中写道："先生好游乎？此地有十里桃花。先生好饮乎？此地有万家酒店。"李白见信后，欣然而往。但见潭水悠悠，舟楫纵横，岸上仅有一株桃花树和一间茅舍，问道："何来十里桃花，万家酒店？"汪伦解释道："'十里'者，一潭之名也，并无桃花十里；'万家'者，店主人姓万也，并无酒店万家。"引得李白大笑。

随着汪伦诚恳地表示歉意，倾诉仰慕之情，每日以美酒佳肴相待，两人甚是相投。

李白要走那天，汪伦为李白送行至潭边，依依不舍，李白登上潭边的小船，正要离岸时，忽然听到一阵歌声由远而近，原来是汪伦约好许多村民一起来到岸边，一面踏着有节奏的脚步，一面唱歌为李白送行。主人的深情厚谊，古朴的送客仪式，令李白十分感动，他立即铺纸挥笔即兴写下一首诗赠给汪伦：

　　　　李白乘舟将欲行，
　　　　忽闻岸上踏歌声。
　　　　桃花潭水深千尺，
　　　　不及汪伦送我情。

李白虽然没有看到"十里桃花"和"万家酒店",却收获了与汪伦的淳朴而深厚的友情。这首诗也从此成为千古流传的佳作,永久为世人所传诵。

[简析]

李白之所以能被骗到泾县去见汪伦,其原因主要是有感于汪伦之诚意,而直接的原因是李白从信中看到"此处有十里桃花,此处有万家酒店",从字面上看,可理解为有"长达十里的桃花树"和"多达万家的酒店",而李白又是好酒喜游之人,立马心生向往之意。实际上是汪伦使用了两个有歧义的语词给李白设了一个"局"。"十里桃花"既可以理解为"十里长的桃花树",也可以理解为"十里宽的桃花潭";"万家酒店"既可以理解为"上万家的酒店",也可理解为"以'万家'为名的酒店"。因语句中的歧义语词,导致李白作出了错误的判断,被骗到汪伦家。幸好汪伦的诚意和热情感动了李白,不但没有埋怨,而且结下了友情,并以诗相赠。

二 关系换位 本意不变
——阿凡提妙语解梦

有一天,皇帝梦见一个人把他的牙都拔光了。皇帝问周围的大臣,谁能解这个梦。丞相解释道:"陛下全家人将比陛下早死。"皇帝听后大怒,要对丞相处以极刑。这时正巧阿凡提进宫,皇帝让阿凡提解梦。阿凡提说:"陛下将比您全家人长寿。"皇帝听后大悦,立刻赠给阿凡提一件棉袍。

[简析]

阿凡提和丞相给皇帝解梦,都只说了一句话。说法虽不同,含义却一样,其结果丞相要被处死,阿凡提却得到件棉袍。从逻辑上分析,这两句话都是表达关系判断,只是阿凡提精于逆向思维,巧妙地将关系项的位置互换,用一个等义的关系判断,代换了丞相用的关系判断。

"陛下全家将比陛下早死"作为关系判断,其中"……比……早死"是表达反对称关系判断的关系词,即由"甲比乙早死"可推出"乙比甲不早死"。阿凡提正是悟到这种反对称关系,机敏地调换了前后的关系项,把"陛下全家将比陛下早死"转换为"陛下将比您全家人不早死",同时将"不早死"改为"长寿",作出了"陛下将比您全家人长寿"的判断。这一改,既合乎逻辑,又事理相同,却能得到截然不同的效果。

由此可见,懂得一些关系判断的知识,并掌握转换判断的能力,可以在交际中,审时度势,选择恰当的说法,以求得最佳效果。

例如,友人引见一位同单位未曾交往的人,见面时向对方说"我知道您,您一定也知道我",这既不合乎逻辑,表达也不恰当;因为"知道"是非对称关系词,甲知道乙,乙不一定知道甲,不能表达为对称关系。如果说"我知道您,您可能不知道我(或可能知道我)"则是合乎逻辑的。寒暄之中,如果说"看上去我比您老多了",就不如说"看上去您比我年轻(不老)多了"效果更佳,因为,"……比……老"是反对称关系词,可以像阿凡提一样思考,调换关系项,并把"不老"换成"年轻"。

三 和或不分 逻辑不容
——究竟应当用"和"还是用"或"?

"和"与"或",在日常应用时,常常被混淆,从而引起思维和表达的混乱。吕叔湘先生曾在《北京晚报》的"百家言"中撰文,引用了报上一条新闻中的一段话:"国家工商行政管理局七月十五日发出通知,规定商品使用未注册商标必须在商品上和包装上标明企业名称或地址……凡使用未注册商标不标明企业名称和地址的商品,不得在市场上销售。"在这段话中,前面说"企业名称或地址",后面却又说"企业名称和地址",这里究竟应当用"或"还是用"和"呢?

吕叔湘指出,按常理这里应当用"和",不应当用"或",因为如果要查究责任,只知道企业名称不知道其地址,或只知道企业地址不知道企业名称,都是无法查究的。接着,又有人撰文指出,这段话中的"在商品上和包装上"中所用的"和"值得商榷,应用"或"为妥。因为,商品的物理形象非常复杂,有液体的,有颗粒的,有粉末的,这样的商品上无法标明企业名称和地址。因此,在"商品上"与"包装上"有一处标明就可以了,故用"或"较为妥帖。

[简析]

由此可见,仅一字之差,于事理上则有正谬之别。在逻辑上用"和"表达的联言判断与用"或"表达的选言判断,其逻辑性质是有明显差别的。"和"所表示的是"支判断都真时为真,支判断至少有一假时为假";"或"所表示的是"支判断至少有一真时为真,支判断都假时为假"。

这就告诉我们,日常使用"和"与"或"时,不能任意混用,"和"表示二者必须都真,而"或"则表示二者可只有一个真,如果在并列合取的两个概念或两个判断之间,把"和"写成"或",就会造成错误的表述,引起误解。商家在购货合同上,因在货款上将"和"误写成"或"造成的纠纷,也时有发生,因此,对"和"与"或",必须"咬文嚼字",区别使用,讲究逻辑。

四 充分必要 岂容混淆
——这样说能证明照相机是谁的吗?

某市法院在审理一件盗窃案时,决定以审问一架照相机的来历为突破点,使被告认罪。

二、判断方面的逻辑错误

审判长（出示从被告家中搜获的一架照相机）问被告："这架照相机是谁的？"

被告："是我的。"

审判长："你用过吗？"

被告："当然用过。买了五年，一直用它拍照。"

法警领证人即失主到庭。

审判长问证人："这照相机有什么特征？"

证人："它有一个暗钮，不熟悉的人找不到，也打不开。"

审判长："被告，你把这照相机打开。"

被告："审判长，如果我把这架照相机打开，就证明这架照相机是我的，是吗？"

审判长："不，不是！打开了，并不证明它一定是你的；而打不开，那就证明一定不是你的。"

法警把照相机递给被告。被告颠来倒去拨弄了三五分钟，也没能打开。

审判长："你刚才说，五年来一直用这架照相机，现在又不能打开，这不自相矛盾吗？"

被告低下头，无言以答。

审判长："证人，你把这架照相机打开。"

证人接过照相机，"咔嚓"一声打开了。

审判长："被告，你还有什么话要说。"

被告脸色煞白，冷汗涔涔……

[简析]

这个案例充分显示了审判中的逻辑力量。当审判长要被告打开照相机时，被告说："如果我把这架照相机打开，就证明这架照相机就是我的，是吗？"这一反问，企图把逻辑搞乱，蒙混过关。逻辑上分析，被告说的是一个充分条件假言判断,但其前件"我把这架照相机打开"与后件"这架照相机就是我的"之间,并不是充分条件关系,而是必要条件关系。

如果在这关键时刻,审判长没有清晰的逻辑头脑,不能分辨充分条件与必要条件假言判断的不同逻辑性质,就有可能出现判断失误,让被告钻了空子。审判长很明智,立即给以驳斥,正如审判长所说"打开了,并不证明它一定是你的;而打不开,那就证明一定不是你的"。审判长所说的两句话,正是表明了作为必要条件假言判断的逻辑性质:"肯定前件不能肯定后件,而否定前件一定能否定后件。"审判长清晰有力地说明了"打开"和"打不开"与"照相机是不是你的"之间的逻辑关系,使被告的狡猾伎俩没有得逞。

三、推理方面的逻辑错误

以名举实,以辞抒意,以说出故。

——墨子

如果推论不对,无论前提是真是假,而"结论"者根本就不是结论。

——金岳霖

推理是由一个或几个已知判断推出一个新判断的思维形式。推理是由概念构成判断的基础上扩展而成,是人们表述和论证的重要思维工具。推理的结构是由前提和结论两部分组成,它的基本语言形式是因果复句"因为(由于)……所以(因此)……",也可以是一个句群或一个语段。推理的过程在行文中常有夹叙夹议的成分,也有对语词、语句或连接词的省略,前提和结论的位置也很灵活,只要文中包含有前提和推出结论的关系就可表达一个推理。

推理的种类很多,传统分类为:演绎推理(一般推出个别)、归纳推理(个别推出一般)、类比推理(个别推出个别)三大类。演绎推理是一种必然性推理,包括直接推理、三段论推理、各种复合判断推理等,且各有其推导的具体方法和规则。归纳推理和类比推理,除完全归纳推理外,皆为或然性推理,也有相应各种推理的方法和规则。本书着重于逻辑错误的分析,理论部分在做相关错误分析时作简单介绍。

对语言材料进行推理分析,比对概念、判断的分析更为复杂。它不但要求熟悉各项推理规则,还要对作者的思路和行文层次有清楚准确的理解,同时还要考虑事理真假和语境条件等,然后,对照有关推理规则,判明正误。

虽然逻辑只能提供推理的方法和规则,对前提是否真实的问题,逻辑不能解决;但在进行各种必然性演绎推理时,要保证推出必然为真的结论,必须具备两个必要条件:① 前提真实;② 推理合乎逻辑规则。二者缺一不可。如果前提真实,推理不合逻辑;或者前提不真,推理合乎逻辑,都不能推出必然真的结论。因此,本书把"前提虚假"也列为一种推理的逻辑错误,这也是对"逻辑"作包含"事理"在内的广义理解,也是一种"大逻辑"观。

推理方面的逻辑错误主要有:前提虚假、直接误推、直言误推、假言误推、选言误推、关系误推、模态误推、轻率概括、机械类比等。

(一) 前 提 虚 假

——为什么不能推出"所有模特表演队都不是非专业的"?

① 因为所有模特表演队都是专业的,所以,所有模特表演队都不是非专业的。他们在舞台上的演出,受到广大观众的欢迎和点赞。

[分析]

前一句是用因果复句表达的由一个已知判断推出一个新判断的直接推理,其推理方法是"换质法"。所谓"换质法"直接推理,就是把前提判断中的联项性质改变("是"改为"不是",或相反),从而推出一个新判断的直接推理。其规则有二:1. 改变联项(判断词)的性质(如上例中的"是"改为"不是");2. 用原判断谓项的矛盾概念作新判断的谓项(如上例中"专业的"改为"非专业的")。

上例的换质推理虽然符合规则,但作为前提判断的"所有模特表演队都是专业的",在不加范围限制的情况下,却是一个不符合实际的全称肯定假判断。因为"所有模特表演队",并非都是专业的,也有业余的。因此,上述直接推理,虽然推理形式合乎规则,但由于前提虚假,不能推出必然为真的结论,推理无效。

② 因为我多次看见他从这个公司走出来,所以他一定是这个公司的员工。

[分析]

上句是一个用因果复句表达的三段论推理的省略式。推理过程为:

凡是多次从这个公司走出来的人一定是这个公司的员工(省略),　　　　　　　　　　　　　　　　　　　　　　　(大前提)

他是多次从这个公司走出来的人,　　　　　　　　(小前提)

所以,他一定是这个公司的员工。　　　　　　　　(结论)

虽然推理形式正确,但其中被省略的大前提,是一个不真实的判断,因此不能推出必然为真的结论,推理无效。

[说明]

"前提虚假",是指在推理中使用或隐含着虚假前提所造成的推理错误。前提真实和形式正确是演绎推理的两项必要条件。需要注意的是:有时从实际情况看,结论可能是个真实判断,但这个真实判断并不是必然推出的,只是根据事实认定的。如例②的结论"他一定是这个公司的员工"可能恰巧与实际相符,但这个结论因是由虚假前提推论出的,所以不能推出必然为真的结论(他可能是也可能不是这个公司的员工),多次从这个公司走出的人也可能是外来办事的人。这种"虚假前提"的错误,常会出现在各种形式的推理过程中。

前提虚假往往隐含在行文中,不易被人发觉,我们可以采取还原为完整式的办法,把省略部分恢复出来,然后判明其正误。只要被恢复的判断是虚假的,就不能必然推出真实结论。

上面列举的病例有下列两种情况:

1. 直接推理中的"前提虚假"(如例①"所有模特表演队都是专业的")。

2. 三段论推理省略式中隐含虚假前提(如例②"凡是多次从这个公司走出来的人一定是这个公司的员工")。

(二) 直 接 误 推

——为什么不能推出"有些科学家是懂几种外语的"?

① 因为有些科学家是懂几种外语的,所以,并不是所有科学家都是懂几种外语的。

[分析]

直接推理是由一个已知判断推出一个新判断的推理。主要有三种方法:1. 运用"逻辑方阵"进行的直接推理;2. 换质法直接推理(上节已介绍);3. 换位法直接推理。

上例是一个运用"逻辑方阵"对当关系进行的直接推理。所谓"逻辑方阵",是指在同一素材(主项与主项相同、谓项与谓项相同)的 A、E、I、O 四种性质判断之间的真假互推规律。由于用正方形加对角线表示 A、E、I、O 之间的真假对当关系,故名"逻辑方阵"(见下图)。

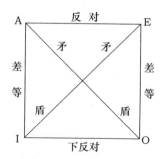

1. 反对关系(A—E)：例如："所有这里的苹果都是红色的"(A)与"所有这里的苹果都不是红色的"(E)。

其真假对当关系是：A真，E必假；A假，E不定（可真可假）。反之同理：E真，A必假；E假，A不定。二者不能同真，可以同假。

2. 矛盾关系(A—O　E—I)：例如："所有这里的苹果都是红色的"(A)与"有些这里的苹果不是红色的"(O)；"所有这里的苹果都不是红色的"(E)与"有些这里的苹果是红色的"(I)。

其真假对当关系是：A真，O必假；A假，O必真。反之同理：O真，A必假；O假，A必真。二者不能同真，也不能同假。E、I之间与A、O之间同理。

3. 差等关系(A—I　E—O)：例如："所有这里的苹果都是红色的"(A)与"有些这里的苹果是红色的"(I)；"所有这里的苹果都不是红色的"(E)与"有些这里的苹果不是红色的"(O)。

其真假对当关系是：A真，I必真；A假，I不定。反之：I真，A不定；I假，A必假。二者可以同真，也可以同假。E、O之间与A、I之间同理。

4. 下反对关系(I—O)：例如："有些这里的苹果是红色的"(I)与"有些这里的苹果不是红色的"(O)。

其真假对当关系是：I真，O不定；I假，O必真。反之同理：O真，I不定；O假，I必真，二者不能同假，可以同真。

上例根据"逻辑方阵"真假对当关系规律可知："有些科学家是懂几种外语的"(I)与"所有科学家都是懂几种外语的"(A)之间为差等关系，只能由A真，推出I为真；不能由I真，推出A的真假。而上例却由"有些科学家是懂几种外语的"(I真)，推出"并不是所有科学家都是懂几种外语的"(A假)，违反了推理规则，不能推出必然为真的结论。虽然从实际情况看，这个结论是符合实际的，而且前提也是真实的，但逻辑上违反规则不能必然推出此结论,推理是无效的。

② 因为该药店卖的有些药是处方药,所以,可以推知该药店卖的有些药不是处方药。

[分析]

这是一个运用换质法进行的直接推理。对换质法前面已有介绍,其规则要求除改变联项性质("是"改为"不是"或相反)外,还要用原判断谓项的矛盾概念作新判断的谓项。而上例推出结论中的谓项仍是原概念"处方药",违反了推理规则,因此结论无效,应改为"非处方药"。此例也可用"逻辑方阵"的直接推理来分析,根据下反对关系(I真,O真假不定),由"有些药是处方药"(I真),不能必然推出"有些药不是处方药"(O真)。

这里需要说明,特称量项"有些"(有的)的逻辑意义与日常语言表达有所不同。日常表达中说"有些是"时,意味着另外"有些不是",而逻辑上认为特称量项"有些"是表示"至少有一个存在",并不排除"全部都存在"的可能情况,从而也就会排除"有些不是"的可能情况。本例根据"逻辑方阵"的分析,由I真不能必然推出O真(因为I真还可能推出A真或O假),正表明了特称量项"有些"(有的)的这一重要逻辑意义。

③ 因为一切小说都是有故事情节的,所以,一切有故事情节的都是小说。

[分析]

这是一个运用换位法进行的直接推理。所谓"换位法"直接推理,就是将前提判断的主谓项对调位置,推出一个新判断的直接推理。其规则是:1. 对调主谓项位置;2. 前提判断中的不周延概念到结论中不得周延。

逻辑上所谓"周延",是指在性质判断中的主项或谓项被断定了全部外延;如果其外延未被全部断定则为"不周延"。例如"水是液体",其中主项"水"断定了自己的全部外延,则为周延;而谓项"液体"在句中未断定自己的全部外延,则为不周延。

AEIO 四种性质判断中主、谓项的周延情况是:A 判断主项周延、谓项不周延;E 判断主项周延,谓项周延;I 判断主项不周延,谓项不周延;O 判断主项不周延,谓项周延。

上例中的前提"一切小说都是有故事情节的"是一个 A 判断,其谓项"有故事情节的"在判断中没有断定自己的全部外延,即为不周延,但到结论中却变为周延("一切有故事情节的"),这是违反规则的。

上例应进行限量换位,即把"一切"改为"有些",使"有故事情节的"仍保持不周延,结论为"有些有故事情节的是小说"(I 判断),才是合乎逻辑的。凡是对 A 判断换位推理,都必须是限量换位,即由 A 判断换位为 I 判断。

④ 某街道办事处的管界内居民韩某有小偷小摸行为,正巧街道办事处丢了电视机,办事处主任在案情分析会上说:"我看就是韩某干的,因为韩某是有偷盗行为的。"

[分析]

这位办事处主任的话,是运用了换位法直接推理,即:

因为,韩某是有偷盗行为的,
————————————————
所以,有偷盗行为的是韩某。

这是一个通过直接交换主谓项的换位推理。但前提中的谓项"有偷盗行为的"在全称肯定判断中是不周延的,通过换位到结论中主项位置变为周延,违反了"在前提中不周延的概念到结论中不得周延"的推理规则。事实上,"有偷盗行为的"外延中,除韩某以外还可能是其他人,不能仅指韩某一人,因而这个推理没有必然性。

⑤ 任何人犯罪都是触犯法律的行为，所以，凡是触犯法律的行为都是犯罪。

[分析]

法律上的"犯罪"与"违法"是有区别的。只有当违法行为的社会危害程度依照刑法应受到刑事处罚时，才构成犯罪，因此，"犯罪"是违法行为中触犯刑律的严重违法行为；并不是所有违法行为都是犯罪，违反民法、行政法等也是违法，但不是犯罪。

从逻辑上分析，上文的表述是一个用换位法，由一个全称肯定判断（A判断）通过调换主、谓项构成的直接推理。根据换位法规则，对A判断换位，必须对推出结论的主项进行限制，得出特称的I判断，即"有些触犯法律的行为是犯罪"，这样才是既合乎逻辑又合乎事实的有效结论。

由此可见，不是什么话都可以倒过来说，如说"北京是首都"，不能说"首都是北京"；说"金子都是闪光的"，不能说"闪光的都是金子"；说"作案人都是有作案时间的"，不能说"有作案时间的都是作案人"等。其原因是因为判断的主谓项是种属关系，如果是同一关系就可倒过来说，如说"北京是中国的首都"，就可以倒过来说"中国的首都是北京"。凡属"定义"的判断都可倒过来说，因其主谓项皆为同一关系，例如"宪法"的定义是"国家的根本法"，可以倒过来说"国家的根本法是宪法"。

⑥ 有些亚洲国家不是经济发达国家，所以，有些经济发达国家不是亚洲国家。

[分析]

这是一个换位法直接推理，但前提是一个特称否定判断（O判断），按规则不能换位。因为，凡属O判断换位，就会造成前提中不周延的主项（特称否定判断主项不周延）到结论中变为周延的谓项（特称否定判断谓项周延),违反了"在前提中不周延的概念到结论中不得周延"的规则,因而推理无效。

虽然从结论的内容看可能是符合实际的,但那只是根据客观可能有的事实而言,从逻辑上却是不能必然推出的。因为用同样的换位方法,也可由"有些动物不是狗"换位推出"有些狗不是动物",得出的结论与实际不符。所以按逻辑上保住必然底线的原则,规定"凡是O判断都不能换位推理",是有道理的。

[说明]

"直接误推"是指在一个直接推理中,由于违反相关推理规则,不能由一个已知判断推出一个新判断的逻辑错误。上举各例的分析中主要介绍了对性质判断运用"逻辑方阵"、换质、换位的方法和规则进行的直接推理。

"逻辑方阵"法和换质法直接推理,对A、E、I、O四种性质判断皆可应用;而换位法要注意对A判断必须限量换位;对E、I判断皆可简单直接换位;对O判断则不能换位。

上面列举的病例有如下几种情况:

1. "方阵"误推(如例①)。
2. 换质误推(如例②)。
3. A判断换位误推(如例③、例④、例⑤)。
4. O判断换位误推(如例⑥)。

避免此类错误,主要是熟悉各种性质判断直接推理的方法和规则,尤其要注意在运用换位法时,不能任意把一个判断的主、谓项倒过来,因此必须牢固掌握性质判断中主、谓项的周延规律(见下表):

判断类型	主项	谓项
A	周延	不周延
E	周延	周延
I	不周延	不周延
O	不周延	周延

由表中可知：

1. 全称判断主项都周延，特称判断主项都不周延；
2. 肯定判断谓项都不周延，否定判断谓项都周延。

以上所列性质判断的周延规律，对下面的以性质判断为前提的三段论演绎推理，是很重要的理论依据。主项周延情况可由量项看出，谓项周延情况应加强记忆。

（三）三 段 误 推

——为什么不能推出"他是会教孩子英语的"？

① 凡是英语教师都是会教孩子英语的，他是位外语教师，所以，他是会教孩子英语的。

[分析]

这是一个由三个性质判断组成的三段论推理形式，简称"三段论"。所谓"三段论"，是由两个已知判断（包含一个共同概念），推出一个新判断的推理。其组成包括三个不同的项（概念）和由这三个项构成的三个判断。例如：

凡"公民"（中项）都有"选举权"（大项）　　（大前提）

"张某"（小项）是"公民"（中项）　　　　　（小前提）

所以，"张某"（小项）有"选举权"（大项）　　（结论）

这是一个三段论推理的典型格式，三段论中的"大前提"是由中项和大项（或大项和中项）构成；"小前提"是由小项和中项（或中项和小项）构成；"结论"是由小项和大项构成。

用符号 S、P、M 分别表示小项、大项、中项，可列出三段论的典型公式：

三、推理方面的逻辑错误

$$
\begin{array}{c}
M\!-\!\!-\!P \\
S\!-\!\!-\!M \\
\hline
S\!-\!\!-\!P
\end{array}
$$

三段论推理作为必然性演绎推理,是有公理为依据的。三段论的公理有两条:

一、肯定公理:凡是对一类(M)对象有所肯定(P),也就是对一类(M)中的每一对象(S)有所肯定(P)。见图(1)。

二、否定公理:凡是对一类(M)对象有所否定(P),也就是对一类(M)中的每一对象(S)有所否定(P)。见图(2)。

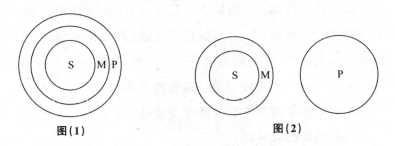

图(1)　　　　　　　图(2)

由于三段论推理的形式结构复杂多样,需要在公理的基础上总结出判定三段论正误的规则。

三段论推理的一般规则有七条:

一、一个三段论中只能有三个不同的项。违反此规则如果出现四个不同的项叫"四概念"错误。

二、中项在前提中至少周延一次,不能两次都不周延。违反此规则叫"中项不周"错误。

三、在前提中不周延的项,到结论中不得周延。违反此规则叫"大项误周"或"小项误周"的错误。

四、前提中有一否定则结论必否定。

五、前提中有一特称则结论必特称。

六、两个否定前提不能得结论。

七、两个特称前提不能得结论。

三段论由于中项(M)在前提中的位置不同,可有四种"格",即:

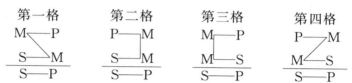

根据三段论的一般规则可以推导出各格的特殊规则(推导过程省略),以便快捷地判定三段论的错误。

第一格的特殊规则:① 大前提必须全称;② 小前提必须肯定。

第二格的特殊规则:① 前提中必有一否定;② 大前提必须全称。

第三格的特殊规则:① 小前提必须肯定;② 结论必须特称。

日常语言表达中,常见的是第一、二、三格,第四格较少应用。

上面例①中是一个三段论第一格推理形式:

　　凡是英语教师都是会教孩子英语的,

　　他是位外语教师,

　　─────────────────

　　所以,他是会教孩子英语的。

虽然上例三段论第一格推理的形式正确,但其"中项"在大前提中是"英语教师",而在小前提中却是"外语教师",这就造成"中项"在大、小前提中是两个不同的概念,这样前提中就有了四个不同的概念,违反了三段论"只能有三个不同项"的一般规则,犯了"四概念"错误,不能推出必然为真的结论。

　　② 小金一定是很会经商的,因为小金是温州人,而温州人都是很会经商的。

[分析]

句中是一个结论在前,大小前提置后的三段论推理。其原型是第一格形式：

> 温州人都是很会经商的，
> 小金是温州人，
> ―――――――――――――
> 所以，小金一定是很会经商的。

由于其中项"温州人"，在大前提中是一个指总体的集合概念，后面"很会经商的"是对"温州人"总体的评价；而在小前提中的中项"温州人"却是指一类对象的非集合概念（可指一类中的每一个体）。"温州人"在大小前提中，虽然表面上看是语词相同的中项，但实际上却是两个不同的概念，这样前提中就出现了四个不同的概念，犯了"四概念"错误，不能推出结论。

③ 古希腊著名智者欧布利德对求教者说："你没有失掉的东西就是你有的东西，对吗？"求教者回答："对。"欧布利德进一步推论说："你没有失掉头上的角，所以，你的头上是有角的。"求教者摸摸自己的头，以为真的有角呢。

[分析]

将欧布利德前后说的话连接起来是一个三段论推理。即：

> 你没有失掉的东西就是你有的东西， （大前提）
> 头上的角是你没有失掉的东西， （小前提）
> ―――――――――――――
> 所以，头上的角是你有的东西。 （结论）

这是一个形式上有效的三段论第一格推理。但其前提中的中项"你没有失掉的东西"，在大前提中是指"原来就有而没有失掉的东西"；而在小前提中却是指"原来没有而没有失掉的东西"。这样，中项"你没有失掉的东西"分别在大小前提中是语词相同而内涵不同的两个概念，违反了三段论中只能有三个不同概念的规则，犯了"四概念"

错误,不能推出必然为真的结论。这种"四概念"错误就是一种用"偷换概念"手段造成貌似有理的诡辩。

④ 这辆新式电动自行车是某公司的产品,而某公司生产的许多产品质量很好,近年又搞了体制改革、科技创新,开发了一批新产品,所以,这辆新式电动自行车质量一定过得硬。

[分析]

这是一个将小前提置前,大前提置后的三段论推理。恢复其三段论第一格推理原型为:

许多某公司生产的产品质量很好,

这辆新式电动自行车是某公司生产的产品,

所以,这辆新式电动自行车质量一定过得硬。

这个三段论的中项"某公司生产的产品"在大前提中是特称判断的主项,不周延;在小前提中是肯定判断的谓项,也不周延。因此违反"中项在前提中至少周延一次,不能两次都不周延"的规则,犯了"中项不周"的逻辑错误,不能推出必然为真的结论。

⑤ 有些买高档商品房的人是向银行贷的款,刘经理买房没有向银行贷款,所以,刘经理一定不是买高档商品房的人。

[分析]

这是一个三段论推理的中项"向银行贷的款",分别在大小前提谓项位置的"第二格"形式。即:

有些买高档商品房的人是向银行贷的款,

刘经理买房没有向银行贷款,

所以,刘经理一定不是买高档商品房的人。

三、推理方面的逻辑错误

根据三段论推理的一般规则"在前提中不周延的项,到结论中不得周延",推理中的大项"买高档商品房的人"在大前提中是特称判断的主项,不周延,而到结论中成为否定判断的谓项,变为周延,违反规则,犯了"大项误周(扩大)"的逻辑错误。

也可以根据第二格特殊规则②"大前提必须全称",而该推理的大前提为特称(有些)来判定该推理错误。因为各"格"的特殊规则是根据一般规则推导出来的,所以只要根据一般规则判定即可,格的特殊规则只是为了快速判定而设。

⑥ 公司小张很聪明能干,但对学外语一直没兴趣,经理总跟他说学点外语很有用,真要用了再学就晚了。小张的回答是:我又不当翻译,学什么外语。

[分析]

小张的回答是一个省略了大前提的三段论推理:凡当翻译都应当学外语,我不当翻译,所以我不必学外语。这是一个三段论第一格推理形式,虽然前提真实,但在前提中的大项"应当学外语",到结论中由不周延变为周延(否定判断的谓项周延),违反"在前提中不周延的概念在结论中不得周延"的规则,犯了"大项误周"的逻辑错误。如果按三段论第一格"小前提不应是否定"的规则分析,也可根据其小前提是否定判断"我不当翻译",判定其推理错误。

这是一种在日常思维和表达中常见的逻辑错误,如说"我又不是先进人物,起什么带头作用",由于以省略大前提(凡先进人物都应起带头作用)的形式出现,容易被人们忽略其推理过程的错误。

⑦ 有人说,《清明上河图》是艺术珍品,《清明上河图》又是我国的古代绘画,所以,我国的古代绘画都是艺术珍品。

[分析]

这个三段论推理的中项"《清明上河图》",分别在大小前提主项位置,是三段论的"第三格"形式。即:

《清明上河图》是艺术珍品,

《清明上河图》又是我国的古代绘画,

所以,我国的古代绘画都是艺术珍品。

根据三段论推理的一般规则"在前提中不周延的项,到结论中不得周延",推理中的小项"我国的古代绘画"在小前提中是肯定判断的谓项不周延,而到结论中变为全称判断的主项周延(全称量项省略),违反规则,犯了"小项误周(扩大)"的逻辑错误。也可以根据第三格特殊规则②"结论必须特称",判定该推理错误。

⑧ 听看相先生说,凡有作为的人要"头平、额阔、天庭饱满","人要头骨重,重到七两定能做'状元'",还说"头像橄榄,做官万难"。尔后,凡在报刊、电视上有首长、专家、学者出现时,我都仔细瞧瞧,他们确实都是头顶平平、额头又高又阔、天庭饱满。

[分析]

上面这段议论,实际上包含了一个省略了结论的三段论推理第二格形式。我们把这个推理补充成它的完整形式,即:

凡有作为的人都是"头平、额阔、天庭饱满",

报刊、电视上的首长、专家、学者都是"头平、额阔、天庭饱满",

所以,报刊、电视上的首长、专家、学者都是有作为的人。

上面这个推理的两个前提都是不真实的。因为并非所有有作为的人都是"头平、额阔、天庭饱满",也并非报刊、电视上的每一位首长、专家、学者都是"头顶平平、额头又高又阔"。一个人能否有所作为,这

三、推理方面的逻辑错误

和他的头的形状如何并无必然联系;同时,这个推理的形式也是错误的。三段论要求中项在前提中必须至少有一次是周延的,而这个推理的中项"头平、额阔、天庭饱满"在两个前提中都是肯定判断的谓项,两次都不周延,犯了"中项不周"的逻辑错误。

⑨ 临近高考报名期,小琳想报文学专业,去征求父亲的意见。父亲说:"你写东西太慢,半天写不了一页纸的文章,还得涂涂改改,一辈子也成不了文学家。算了吧,不如报别的专业。学文学得文思敏捷的人,像建安七子的陈琳马背成文,曹子建七步成诗。"

[分析]
上例中小琳的父亲用了一个带证式三段论推理:

　　学文学的是文思敏捷的人,因为像陈琳马背成文,曹子建七步成诗;

　　你不是文思敏捷的人,因为你半天写不成一页文字,且涂涂改改;

　　─────────────────────
　　所以,你不能学文学。

这是一个三段论大、小前提分别带有证明的第二格推理,但是这两个证明的论据都不能必然推出论题(大、小前提)的真实性。对大前提的证明是一个根据两个事例推出一般性结论的不完全归纳证明,其结论是或然性的。对小前提的证明是一个三段论第一格形式的演绎证明:

　　凡半天写不成一页文字,且涂涂改改的都不是文思敏捷的人;

　　你是半天写不成一页文字,且涂涂改改的;
　　─────────────────────

所以,你不是文思敏捷的人。

这虽然是一个正确的推论形式,但作为推论的大前提是不真实的,"半天写不成一页文字,且涂涂改改"未必不是文思敏捷的人。写得慢些,并作修改,这倒是作家常有的情况,如法国著名作家福楼拜,曾经五天之内写了两行字。

上例三段论带证式,由于大小前提都不能被证明其真实性,而三段论推理必须具备"前提真实"这一必要条件,因而小琳父亲的推断是错误的。

[说明]

"三段论"是一种应用极其广泛的必然性推理,依据三段论可以让人们进行许多必然性的推导,获得必然为真的认识。

"三段误推"是指在一个直言三段论中,由于违反了三段论的推理规则而造成的逻辑错误。对三段论推理的逻辑分析,主要依据是三段论的推理规则。一个合乎逻辑的三段论推理,必须符合前述的七条一般规则。符合了这七条一般规则也就必然符合格的规则,无须再按格的规则分析。如果按四个格规则分析,除符合格的规则外,还必须符合一般规则;因为符合了格的规则未必完全符合三段论的一般规则(如"四概念"错误)。各格的规则主要是用来快速判定推理的错误,可以一锤定音,无须再用一般规则检查。而判定一个三段论正确仅用格的规则是不够的。上面列举的病例主要有如下几种情况:

1. "四概念"错误(如例①②③)。

2. "中项不周"错误(如例④)。

3. "大项误周"错误(如例⑤⑥)。

4. "小项误周"错误(如例⑦)。

5. 前提虚假并且形式错误(如例⑧)。

6. 三段论带证式错误(如例⑨)。

避免三段论推理的错误,既要使前提真实,又要使推理形式符合三段论推理规则,才能推出必然为真的结论。语言表达中的三段论,很少是严整规范的,必须学会恢复三段论的完整式,再用相关的逻辑规则检查是否正确,还要注意三段论省略式中是否有隐含的虚假前提。

(四) 假 言 误 推

——为什么不能推出"老王是去过颐和园的"?

① 最近某报批评了一个五星级宾馆的卫生工作搞得不好,但有人却说:"这个大宾馆过去卫生工作一直搞得好,现在也不会搞得差。"

[分析]

假言推理是以假言判断为前提,根据相关推理规则推出结论的复合判断推理,主要有充分条件、必要条件和充分必要条件假言推理三种。

上例中用了一个充分条件假言推理。所谓充分条件假言推理,是以充分条件假言判断为前提的假言推理,有两个正确式:① 肯定前件式(由肯定前件推出肯定后件);② 否定后件式(由否定后件推出否定前件)。上例中有人说的话是一个省略了大前提的充分条件假言推理肯定前件式:

如果大宾馆过去卫生工作搞得好,那么现在也不会搞得差,
(省略)
这个大宾馆过去卫生工作一直搞得好,
―――――――――――――――――――――
所以,这个大宾馆现在卫生工作也不会搞得差。

这虽然是一个充分条件假言推理的肯定前件式,但作为大前提的

充分条件假言判断却是不真实的。一个宾馆过去卫生工作搞得好不好,对现在卫生工作搞得如何不存在充分条件关系,因此,这个推断是错误的。

②他一定是位医生,因为,如果是医生,上班时就要穿白大褂,他上班时穿的是白大褂,所以,他一定是位医生。

[分析]

这段话中"因为"后面表达了一个充分条件假言推理。即:

  如果是医生,上班时就要穿白大褂,

  他上班时穿的是白大褂,

  ─────────────────

  所以,他一定是位医生。

根据规则,充分条件假言推理只有肯定前件式(由肯定前件推出肯定后件)和否定后件式(由否定后件推出否定前件)两个正确式,没有"肯定后件式"(由肯定后件推出肯定前件)。而上例中却由肯定后件"他上班时穿的是白大褂"(事实上许多实验室人员也都穿白大褂),推出肯定前件"他一定是位医生"作结论,违反了充分条件假言推理规则,不能推出必然真的结论。

③王会计在工作中出了点差错,虽然承认了错误,但情绪一直不好,部门经理问会计室余主任:"你看小王能改正错误吗?"余主任说:"只有承认错误,才能改正错误,他承认了,就能改正。"

[分析]

余主任的回答中包含一个必要条件的假言推理。所谓必要条件假言推理,是以必要条件假言判断为前提的假言推理,有两个正确式:① 否定前件式(由否定前件推出否定后件);② 肯定后件式(由肯定后件推出肯定前件)。上例中的假言推理是:

三、推理方面的逻辑错误

只有承认错误,才能改正错误,
小王承认错误,
─────────────────
所以,小王能改正错误。

这是一个必要条件假言推理,但是由小前提"小王承认错误",肯定了大前提的前件,推出肯定其后件为结论,违反了必要条件假言推理的规则,误用了充分条件假言推理的肯定前件式,故推理无效。

④ 新能源汽车厂的厂长在生产动员会上说:"我们今年争取超额完成任务,是大有希望的。除非原材料供应充分,机械设备完好,才能超额完成今年的生产任务,从现在看,我们的原材料准备充分,机械设备也完好,所以我们一定能超额完成今年的生产任务。"

[分析]

厂长的发言用了一个必要条件假言推理:

除非原材料准备充分并且设备完好,才能完成生产任务,
我厂的原材料准备充分并且设备完好,
─────────────────
所以,我厂一定能超额完成今年的生产任务。

大前提"除非原材料准备充分并且设备完好,才能完成生产任务",是一个由并列的两个条件"原材料准备充分并且设备完好"构成的必要条件假言判断。

厂长却把大前提看成了充分条件假言判断,通过小前提"我厂的原材料准备充分并且设备完好"肯定了大前提的前件,推出肯定后件"我厂一定能超额完成今年的生产任务"为结论,搞错了条件关系,误把必要当充分,导致搞错了推理形式。必要条件假言推理不能从肯定前件推出肯定后件,因而违反了推理规则,结论不必然为真。

⑤ 只有犯罪的人才能成为被告,也就是说如果是被告就是犯罪的人,张某是被告,所以,他一定是犯罪了。

[分析]

这段话中包含着一个错误的必要条件假言判断和一个前提虚假的充分条件假言推理。

第一分句中"犯罪的人"与"成为被告"之间不能构成必要条件关系,没有犯罪的人也能成为被告。所以,以前句为根据的第二分句充分条件假言判断"如果是被告就是犯罪的人"也是错误的;以此句为大前提构成的充分条件假言推理也就不能必然推出真实结论。因此,张某是被告,但不一定是犯罪了。

⑥ 现在请老王给大家介绍一下北京的颐和园,因为我们这里只有老王是去过北京的。

[分析]

上例中的话表达了一个必要条件假言推理。即:

只有去过北京才能去过颐和园,

老王是去过北京的,

―――――――――――――――

所以,老王是去过颐和园的。

的确,只有去过北京才能去颐和园,因为颐和园在北京范围之内,因此"去北京"与"去颐和园"之间是必要条件关系,也就是说,不去北京不可能去颐和园;但同时还应看到"去过北京"与"去过颐和园"不存在充分条件关系,即去了北京并不一定去颐和园。

准确地说,"去过北京"与"去过颐和园"之间是必要不充分的条件关系,因此,只能从否定前件推出否定后件,而不能从肯定前件推出肯定后件,也就是不能认为如果去过北京就一定去过颐和园。因此,上

三、推理方面的逻辑错误

例中假言推理的错误就在于把必要（不充分）条件关系当作了充分条件关系，其推理也就没有必然性（老王未必去过颐和园）。

⑦ 小王对小李说："这次，我和张明要是评不上一等奖，那么这一等奖肯定是刘英的了。"小李拍着小王的肩头说："刘英可评不上。刘英这月有两天病假，三天事假，不够条件，这一等奖肯定是你和张明的了。到时候得让你俩请客。"

[分析]

小李的话包含着一个以小王的话作为大前提的推理：

如果小王评不上并且张明评不上，那么刘英能评上。（小王的话）

刘英不能评上，（小李的话）

——————————————————

所以，小王能评上而且张明能评上。（小李的话）

不细琢磨，就会认为这个推理运用充分条件假言推理的否定后件式推出的结论是正确的，其实不然，正确的否定后件式推出的结论应是：

如果小王评不上而且张明评不上，那么刘英能评上。

刘英不能评上，

——————————————————

所以，并非"小王评不上而且张明评不上"（"小王能评上或者张明能评上"）。

因为，逻辑上根据德摩根定律：否定一个联言判断得到的不是简单地分别否定两个联言支的联言判断（如上面第一个推理的结论"小王能评上而且张明能评上"），应该得到一个分别否定两个联言支的选言判断（如上面第二个推理的结论"小王能评上或者张明能评上"）。因此，上例中小李的推论得出的联言判断是不正确的，他的话应改为一个选言判断"这一等奖或许是你小王的，或许是张明的"。根据相容选言判断其选言支至少有一真,可以同真的逻辑性质,这一选言判断其中包含着三种可能,即这一等奖或是小王的,或是张明的,或是小王和张明两人的,其结果都是合乎逻辑的。

⑧ 刚上班,机器就玩不转了。主管生产的副厂长对车间主任说:"你们不抓设备更新,机器就会老出故障,这样,生产怎么能搞上去?厂里一季度生产指标完不成,你们车间要负主要责任。"车间主任说:"您说得对,我也这样看:抓了设备更新,机器就不会出故障,生产就能上得去。可惜有人不懂这一点,一听要花钱,就皱眉头。"

[分析]

车间主任以为他的观点同厂长一致,其实不然。他曲解了厂长的意思。厂长的话包含一个假言连锁推理,也称"纯假言推理",即前提与结论都是假言判断的推理。其特点是:前一个假言判断的后件是后一个假言判断的前件,然后根据假言推理的相关规则推出一个假言判断为结论。即:

如果不抓设备更新,机器就会老出故障,

如果机器老出故障,生产就搞不上去,

所以,如果不抓设备更新,生产就搞不上去。

这是一个充分条件假言连锁推理的肯定式,按照充分条件假言连锁推理的规则,可以由第一个假言判断的前件真推出第二个假言判断的后件真,并以此前后件构成充分条件假言判断为结论,即"如果不抓设备更新,生产就搞不上去"。而车间主任的推理是:

如果抓了设备更新,机器就不会出故障,

如果机器不出故障,生产就能上得去,

三、推理方面的逻辑错误

所以,如果抓了设备更新,生产就能上得去。

两人的推理,虽然推理的形式相同,但前提的假言判断和结论都不同。厂长第一个假言判断是把"抓设备更新"作为"机器不会老出故障"的必要条件是对的;而车间主任却把"抓设备更新"作为"机器不会老出故障"的充分条件,认为"如果抓了设备更新,生产就能上得去",则是搞错了条件关系。生产要上去,不是有了设备更新就能上去,而没有设备更新,却是上不去的,车间主任的充分条件假言连锁推理的肯定式是不能成立的,造成假言误推的逻辑错误。

[说明]

"假言误推"是在假言推理中把条件关系搞错或违反推理规则造成的逻辑错误。假言条件关系中,主要是容易把充分条件关系与必要条件关系相互混淆。上面列举的病例主要有如下几种情况:

1. 大前提不真实(如例①)。

2. 充分误作必要(如例②)。

3. 必要误作充分(如例③、④)。

4. 判断错误导致推理错误(如例⑤)。

5. 结论选言误为联言(如例⑦)。

6. 连锁推理假言前提错误(如例⑧)。

避免此类错误,就要搞清各种条件关系的逻辑性质,重点掌握充分条件假言推理和必要条件假言推理的规则和各种相关的正确式。假言推理的应用很广泛,但典型的结构不多,其中的判断或连接词经常有所省略,判断的顺序也常变化。在具体分析时注意多种连接词不同的语法和逻辑功能及其省略用法;还要注意表达判断的句型变化和语言习惯等,这些都要在分析时费一番斟酌。

（五）选 言 误 推

——为什么不能推出"××牌洗衣机质量不好"？

① 张先生听说××牌洗衣机很畅销,而且价格便宜,心想:一种商品畅销,要么因为它价廉,要么因为它物美。××牌洗衣机价钱便宜,肯定质量不会怎么好。

[分析]

选言推理是以选言判断为前提,根据相关推理规则推出结论的复合判断推理,主要分为不相容选言推理和相容选言推理两种。

1. 不相容选言推理是以不相容选言判断为前提的选言推理,有肯定否定式(由肯定一个选言支,推出否定另一选言支)和否定肯定式(由否定一个选言支,推出肯定另一选言支)两种。

2. 相容选言推理,是以相容选言判断为前提的选言推理,其正确式只有一种否定肯定式(由否定一个选言支,推出肯定另一选言支),没有肯定否定式,因为相容选言推理不能由肯定一个选言支,否定其他相容的选言支。

上例中的"价廉"和"物美"是相容关系,而句中却用了表示不相容关系的联结词"要么……要么……",并且按照不相容选言推理的肯定否定式进行了推论,由肯定"价廉",推出否定"物美";但是,"价廉"和"物美"二者是相容关系,可以既价廉又物美,只能由否定推肯定,不能由肯定推否定。上例搞错了选言支之间的关系,选错了推理形式,由肯定"价廉"推不出"质量不会怎么好"的结论。

② 最近在美洲发现了一种很奇特的动物,并且已知不是陆生动物。有人说:这种动物既然不是陆生的,那一定是水生的了。

三、推理方面的逻辑错误

[分析]

上例中有人说的话,是用了一个不相容选言推理的否定肯定式的,其中省略了大前提:"动物要么是陆生的,要么是水生的,"虽然推理形式无误,但是作为推理依据的大前提遗漏了一个可以列举也必须列举的可能性,即"这种动物还可能是两栖的"(像蛙类)。因此,作为大前提的选言判断,如果遗漏了选言支,得出的结论是不可靠的,上例中的选言推理犯了遗漏选言支的错误。

由此说明,要保证选言推理大前提的真实性,必须搞清选言支之间的关系,并且要穷尽选言支,这是保证选言推理结论必然为真的必要条件。

③ 今年车市降价幅度较大的轿车有福莱尔、东方之子、索纳塔和奥迪。王先生买了一辆降幅较大的轿车。一位邻居猜测说:"王先生买的轿车不是福莱尔,也不是东方之子,所以,一定是奥迪了。"

[分析]

这是一个不相容选言推理。推论是按否定肯定式,排除了两种可能,从而肯定了另外一种可能,这是合乎推理规则的;但是由于作为大前提的选言判断没有穷尽选言支,这样就可能使这几个选言支都不是真的,而被遗漏的"索纳塔"恰恰是真的。因此,结论是不必然的。

④ 我家来信说:今年我们家乡的粮食没有丰收。我想一定是歉收无疑了。

[分析]

上面语句中包含一个不相容选言推理的否定肯定式:

我们家乡的粮食或丰收,或歉收,

不是丰收,

―――――――――――――――

所以,是歉收。

在运用选言推理否定肯定式时,大前提要穷尽选言支,而上面的推理遗漏了一个选言支——平产,故结论不是必然为真的。

[说明]

"选言误推"是指在选言推理中违反选言推理规则或大前提遗漏选言支造成的逻辑错误。

选言推理有相容的与不相容的两类。相容选言推理,由于选言支相容,所以只有一种正确式(否定肯定式);不相容选言推理,由于选言支不相容,所以有两种正确式(肯定否定式和否定肯定式)。在对语言表达作逻辑分析时,首先要区别这两种选言推理,然后根据不同的推理规则进行分析,另外必须注意也是容易被忽略的、常犯的遗漏选言支错误。

上面列举的病例有如下两种情况:

1. 相容误作不相容(如例①)。
2. 遗漏选言支(如例②③④)。

避免此类错误关键在于正确辨别相容与不相容选言推理的不同逻辑性质,并掌握它们各自有效的推理形式。语言连接词往往是确定选言判断类型的标志,但也要注意二者有时不完全对应,有的选择连接词(如"或者")相容不相容都可用,另外必须注意选言支是否穷尽。在无法穷尽选项的情况下,要留有余地,不要断然作必然性的结论。

(六)二 难 误 推

——为什么不能推出"总之,你要给我钱"?

① 老王的妻子患眼病,请巫婆跳神。巫婆对老王说:"如果你老婆的眼病好了,你应感谢神仙,给我钱;如果你老婆的病不好,说明是你的心不诚,也要给我钱。你老婆的眼病或者好,或者

不好,总之,你要给我钱。"

[分析]

二难推理也称假言选言推理,是以两个充分条件假言判断和一个二支的选言判断为前提构成的推理。二难推理常用于左右为难的情况下,故名"二难"。正确的二难推理必须前提真实,并且遵守假言推理和选言推理的规则。

上面例子中,巫婆的话是由两个充分条件假言判断和一个二支的选言判断为前提构成的二难推理,即:

如果你老婆的眼病好了,你应感谢神仙,给我钱;

如果你老婆的病不好,说明是你的心不诚,也要给我钱;

你老婆的眼病或者好,或者不好,
_____

总之,你要给我钱。

但两个充分条件假言判断都是不真实的。眼病的好与不好,同信不信神仙没有任何条件关系,巫婆只是用谎言套用了二难推理的形式,因而巫婆的推理是不能成立的。

② 小张想改善住房条件,是买房还是租房一时拿不准主意,对家里人说:"如果买房就要贷款会加重经济负担;如果租房也要每月增加支出。或是不买房,或是不租房,总之,或是不贷款加重经济负担,或是不每月增加支出。我看还是算了,既不买,也不租房为好。"

[分析]

小张的话表达的是二难推理。即:

如果买房,就要贷款加重经济负担;

如果租房,就要每月增加支出;

或是不买房,或是不租房;

总之,或不贷款加重经济负担,或不每月增加支出。

但其中的充分条件假言推理,由两个选言支否定两个充分条件假言判断的前件,推出否定两个后件作结论;而充分条件假言推理不能用否定前件推出否定后件为结论,违反了充分条件假言推理的规则,因此二难推理不能成立。事实上,不买房未必就没有加重经济负担的事;不租房也未必就没有每月增加支出的事。

③ 赵某看到某地区经常天旱无雨,有时又久雨不停,他对人说:"这片地区如果天旱无雨,农作物就会受害;如果久雨不停,农作物也会受害。或是天旱无雨,或是久雨不停,总之,农作物总会受害。"

[分析]

赵某对人说的话表达的是二难推理,但是前提中的选言判断"或是天旱无雨,或是久雨不停",并没有说出所有可能的天气情况。即使这两种情况经常出现,也不能排除有"雨水适量"的时候,由于遗漏选言支,上述推出的结论不必然为真。

[说明]

"二难误推"是在二难推理中,前提不真,或推理违反规则,或遗漏选言支而造成的推理错误。上面各例有下列几种情况:

1. 前提不真(如例①)。
2. 违反推理规则(如例②)。
3. 遗漏选言支(如例③)。

避免此类错误,就要熟悉假言推理和选言推理的各种形式及规则,还要注意选言支有无遗漏,即使是"三难""四难",也可同理辨其正误。

（七）关 系 误 推

——为什么不能推出"你一定能赢他"？

① 本届冰球比赛的结果证明，冰球甲队比冰球乙队强，所以，冰球乙队不一定比冰球甲队强，很可能比冰球甲队弱。

[分析]

关系推理是以关系判断为前提，并根据关系词的逻辑性质进行的推理。关系推理中常见的一种类型是对称性关系推理，包括三种推理形式：

1. 对称关系推理：如由"小张与小王是同学"可推出"小王与小张是同学"（关系词"……与……是同学"）；

2. 反对称关系推理：如由"五大于三"可推出"三不大于五"（关系词"……大于……"）。

3. 非对称关系推理：如由"我相信你"只能推出"你不一定相信我"（你可能相信我，也可能不相信我），不能推出必然真的结论，因为"相信"是非对称关系词。

上例是一个以关系判断"冰球甲队比冰球乙队强"（关系词"……比……强"）为前提的反对称关系直接推理。"……比……强"是反对称关系词，而这里却把它作为非对称关系来运用，错误地推出了"冰球乙队不一定比冰球甲队强"，因此这个推理是错的，应按反对称关系推出"冰球乙队不比甲队强"。

② 这次比赛象棋，据我看，你一定能赢他，因为我曾赢了他，而且你曾赢了我，所以你赢他当然没问题了。

[分析]

关系推理中还常用一种类型是传递性关系推理,包括三种推理形式:

1. 传递关系推理:如由"孔子早于墨子,墨子早于孟子"可推出"孔子早于孟子"(关系词"……早于……");

2. 反传递关系推理:如由"我比你大两岁,你比他大两岁"可推出"我不比他大两岁"(关系词"……比……大两岁");

3. 非传递关系推理:如由"我认识你,你认识他"只能推出"我不一定认识他",不能推出必然真的结论,因为"认识"是一个非传递关系词。

上例中"……赢了……"这个关系词是表示非传递关系的,即在甲、乙、丙三者之间,既可能传递,也可能不传递,不能由甲赢了乙,并且乙赢了丙,必然推出甲赢丙,而是甲可能赢丙,也可能赢不了丙。因此,上例是一个把非传递关系当作传递关系的错误推理。

[说明]

"关系误推"是在关系推理中由于搞错了关系性质的推理错误。常见的关系推理主要有对称性关系(对称、反对称和非对称)推理和传递性关系(传递、反传递、非传递)推理。

在分析关系推理时,关键是对各种关系词的关系性质有准确的了解,才能判定关系推理的正误。需要注意:有些关系词可具有多重关系性质,从不同角度作出分析。在对国际关系的分析中,常需要区别各种不同国际关系的性质,如"同盟关系"就是一个具有对称关系和非传递关系的关系词。

例如:如果"甲国和乙国有同盟关系",可以根据"同盟关系"具有的对称关系性质,推出"乙国和甲国也有同盟关系";如果"乙国和丙国又有同盟关系",根据"同盟关系"具有的非传递关系性质,只能推断

"甲国和丙国不一定有同盟关系"。又如"支援"具有非对称关系性质，由"甲国支援乙国"，不能推出"乙国也支援甲国"，只能推出"乙国不一定支援甲国"；又如"侵略"具有反对称关系性质，由"甲国侵略乙国"，必然推出"乙国反抗甲国侵略乙国"。

（八）模态误推

——为什么不能推出"不能说自然生态的发展不可能没有客观规律"？

① 我们要搞好生态文明建设，就要了解自然生态发展的客观规律。因为自然生态的发展必然有其客观规律，所以，不能说自然生态的发展不可能没有客观规律。

[分析]

模态判断是断定事物的可能性或必然性的判断，也就是包含模态词"可能"或"必然"的判断。模态推理是以模态判断为前提，根据模态判断的性质和关系进行的推理。模态推理种类很多，常见的一种是根据"模态方阵"进行的直接模态推理。上例中的第二段话，就是一个根据"模态方阵"进行的（由因果复句构成的前提和结论都是模态判断）直接模态推理。

"模态方阵"中四种模态判断之间的真假对当关系，与前面介绍的四种性质判断之间的真假对当关系同理（参见前"直接误推"中的"逻辑方阵"）。其中四种模态判断为：

1. 必然肯定判断（如"明天必然下雨"）相当 A 判断；
2. 必然否定判断（如"明天必然不下雨"）相当 E 判断；
3. 或然肯定判断（如"明天可能下雨"）相当 I 判断；
4. 或然否定判断（如"明天可能不下雨"）相当 O 判断。

这四种模态判断之间的真假推导关系与性质判断 A、E、I、O 之间的真假推导关系同理,同样具有反对关系(1与2)、矛盾关系(1与4、2与3)、差等关系(1与3、2与4)和下反对关系(3与4)。

上例中由"自然生态的发展必然有其客观规律"("必然肯定判断"真),推断出"不能说自然生态的发展不可能没有客观规律"("或然否定判断"假的双重否定),是不合"模态方阵"推导规律的。因为,上例中的模态推理前提是一个必然肯定判断(相当逻辑方阵中的 A 判断),而推出结论的判断是一个或然否定判断的否定之否定(相当逻辑方阵中的 O 判断的否定之否定),根据方阵中的矛盾关系(A 真,O 必假),上例推理结论是把"O 必假"又给否定了("不能说……不可能没有……"),句中的"不能说"是多余的否定词。

原句可改为"因为自然生态的发展必然有其客观规律,所以自然生态的发展不可能没有客观规律",这是一个正确的根据模态方阵矛盾关系构成的直接模态推理。这种推理的作用在于用双重否定的"不可能没有"强调其"必然性",有广泛的应用价值,如说"侵略者必然要失败",可用直接模态推理推出"侵略者不可能不失败",以增强语气。

② 小王对小张说:"我看小李必然能考上大学。"小张说:"我不认为小李必然能考上大学。"小王反问:"你根据什么认为小李必然考不上大学?"小张说:"你误解了我的意思,我的话并没有小李必然考不上大学的意思,只是说他可能考不上大学。"

[分析]

这段对话中小王反问的话犯了逻辑错误。根据"模态方阵"中的真假对当关系,对"小李必然能考上大学"的否定,并不能肯定"小李必然考不上大学"为真,因为二者具有反对关系,只能由一个真推另一个假,不能由一个假推断另一个的真假。最后小张的解释是对的,根据模态方阵的矛盾关系,可以由一个真推另一个假,也可以由一个假推另一个真;而"小李必然能考上大学"与"他可能考不上大学"正是矛盾关系。因此,由"小李必然能考上大学"的假,可以必然推出"他可能考不上大学"为真。

③ 被评为道德模范的人必然是品德高尚的人,他是位品德高尚的人,所以,他必然是一位道德模范。

[分析]

这是个模态三段论推理,即在一个三段论推理中引入模态判断的间接模态推理;既要符合模态推理的规则,也要符合三段论推理的基本规则。显然,上例中的中项"品德高尚的人"在前提中两次都不周延(肯定判断的谓项不周延),违反了三段论中项在前提中至少周延一次的规则,犯了"中项不周"的逻辑错误,导致模态误推。事实上,品德高尚的人未必是被评为道德模范的人。

[说明]

"模态误推"是指在模态推理中由于违反模态推理的规则造成的逻辑错误。模态推理有直接模态推理、间接模态推理等,其形式复杂多样。模态词有必然、可能等,用各种模态词构成的模态判断之间具有不同的逻辑联系。

用"模态方阵"操作的直接模态推理,可以在"必然"与"可能"之间,根据规则进行真假关系的各种推导,也可进行等值关系的转换,例如由"改革成功必然要经过艰苦奋斗"可按"模态方阵"中矛盾关系直接推出"改革成功不可能不经过艰苦奋斗",这种不失原意地换一种强调说法的推导,可使语言表达形式更丰富,也体现出逻辑的力量。

（九）轻率概括
——为什么不能推出"高等学府出不了文学家"？

① 文学家都是在时代的激流中造就出来的。高等学府中很少出文学家，古今中外不乏其例。外国的高尔基、巴尔扎克、雨果上过大学没有？中国古代的曹雪芹、施耐庵上过什么大学？现代的梁斌、柳青、周立波、高玉宝也都没有上过什么大学。所以，高等学府中出不了文学家。

[分析]

归纳推理是根据个别性认识推出一般性认识的推理，可分为完全归纳推理和不完全归纳推理两种。

完全归纳推理是根据对一类中所有个别对象的考察，推出对这一类情况的一般性结论。完全归纳推理只要前提真实并且考察无一遗漏，结论必然为真。例如考察某共享单车存放点的共享单车是否全部完好无损，通过对每一辆单车的检查都完好无损，即可推断出"某共享单车存放点的所有共享单车都完好无损"，其结论必然为真。

不完全归纳推理是根据对一类中部分对象的考察，推出对这一类对象的一般性结论，其结论具有或然性。不完全归纳推理有简单枚举法和科学归纳法两种。上例中这段话，是运用不完全归纳推理来推断出"高等学府中出不了文学家"的观点，用的是简单枚举法，举出了若干作家没有上过大学为例。但是世界上"文学家"何止千万？仅举出几个例子就推出一般性结论显得轻率。事实上当今文坛上，不论外国和中国，都有些文学家是进过"高等学府"的，这种反例也不是个别的。因此，其结论应是或然的，犯了"轻率概括"的逻辑错误。

三、推理方面的逻辑错误

②古代许多著名诗人都爱种柳,不但写下许多咏柳佳作,而且本人都从事植柳。陶渊明以"五柳"为号说明了他对柳的喜爱。欧阳修也是植柳能手,在扬州蜀冈大明寺平山堂前,"欧阳文忠植柳一株,谓之欧公柳"。白居易放外时也曾不止一次种过柳:"曾栽杨柳江南岸,一别江南两度春。遥忆青青江岸上,不知攀折是何人?"柳宗元用诗记载了他在柳州任刺史时种柳的事:"柳州柳刺史,种柳柳江边,谈笑为故事。推移成昔年。"所以,古代著名诗人都爱种柳。

[分析]

举出陶渊明、欧阳修、白居易、柳宗元等种过柳的例子,推出"古代著名诗人都爱种柳"的结论。这是一个简单枚举归纳推理,但这个结论是不可靠的。因为"古代著名诗人"远不止这几个,在没有对所有的古代著名诗人是否爱种柳进行考证的情况下,只是根据其中几个诗人都爱种柳,就推出"古代著名诗人都爱种柳"的结论,犯了"轻率概括"的逻辑错误。

③北宋大政治家寇准先后做了30年宰相,没有为自己建造住宅,有人赞他"为官居鼎鼐,无地起楼台"。由此可见寇准廉洁俭朴。

[分析]

这段论述仅根据寇准"没有为自己建造住宅"一事,就得出"寇准廉洁俭朴"的结论,犯了"轻率概括"的逻辑错误。实际上,在宋人年记和其他史料中说寇准豪侈者不少。《宋史·寇准传》载:"准少年富贵,性豪侈,家未尝爇油灯,虽庖所在,必燃炬烛。"欧阳修《归田录》指出:"公尝知邓州,早贵豪侈,每饮宾席,常阖扉靰马善以留之。尤好夜宴……"司马光《训俭示康》也谈道:"近世寇莱公豪侈冠一时,然以功业大,人莫之非。"这些记载说明寇准并不"廉洁俭朴"。可见上例中运用"简单枚举法"证明"寇准廉洁俭朴"是不准确的。只要有一个反例,即可判定其结论错误(已不仅是或然)。

④ ××牌保健床垫含有纳米级远红外纤维、负离子纤维、抗菌纤维等,能改善人体微循环,净化空气,消除疲劳,全面提高人的抗病能力。经全国千余人的临床应用,证实本产品对所有微循环不佳以及心血管疾病患者,都有很好的治疗作用。

[分析]

对保健产品的宣传,只能介绍其产品成分、功能特点等,不能涉及对疾病的治疗效果,以免误导消费者。而上述宣传内容,却根据千余人的使用,推断出对"所有微循环不佳以及心血管疾病患者都有很好的治疗作用",即使有再多人使用,也不能概括为"所有",显然是"轻率概括",而且涉及治疗作用,宣传超出了保健范围。

⑤ 据报载,解放军某部一位将军出差,途经某市,住到一家低档旅馆,谁知该旅馆服务员小张看到证书上有"某部少将"字样,立即产生了怀疑。因为她曾听同行说过,过去见过的将军级军官都住高档宾馆,所以,她推想这位"将军"可能是冒充的,于是报告了派出所,经过了解,这位将军确实是位少将。

[分析]

这位服务员小张为什么会做出错误推断,是因为她仅根据听别人说见过的将军是住高档宾馆,就推断所有将军都要住高档宾馆,因而以为面前的这位将军是冒充的,事实否定了她的推断。小张犯了"轻率概括"的错误。

[说明]

"轻率概括"或称"以偏概全",是在由个别性认识推出一般性认识的归纳推理过程中,仅根据部分情况,或偶然的联系就推断出一般性认识的逻辑错误。在日常语言表述中,经常会见到"轻率概括"的错误。

避免此类错误主要是注意不完全归纳推理的或然性质。尤其是简单枚举法的不完全归纳推理,仅举数例就作一般概括,只能是一种或然性的认识,只要有一个反例,这个一般性认识就被推翻。只有列举数量多,且未发现反例,才能提高结论的可靠程度。如果能通过科学手段揭示出个别事例与一般性结论之间的必然联系,则属于科学归纳法,其结论是比较可靠的。

(十) 机 械 类 比

——为什么不能推出"老陈也患有心脏病"?

① 最近某研究所进行健康体检,体检后,老陈说:"我可能得了心脏病,检查时,心跳过速、头晕、血压偏高。以前情报室的老黄就是心跳过速、头晕、血压高,结果是患了心脏病。我这次和他差不多,所以我也一定是得了心脏病。"事后,老陈又做了全面检查,结果心脏正常。医生认为老陈的症状可能是因失眠和气恼引起的。

[分析]

类比推理,也称类比法,是根据两个或两类对象在某些属性上相同,从而推断两者在另一属性上也相同的推理,其结论具有或然性。类比推理应用很广泛,尤其对科学发现、技术创新,侦查破案,以及仿生模拟、人工智能等都是具有初始意义的思维方法。

如我国著名地质学家李四光,把我国松辽平原的结构与中亚细亚一带的地质结构作类比,分析了生油条件与地质结构的关系等情况,推断我国松辽平原也可能蕴藏着石油，大庆油田的开发证实了这一推断是正确的。在日常生活中，运用类比推理易犯只根据一些表面相似就推断出结论的"机械类比"错误。

上例中老陈仅根据检查时的若干表面症状与老黄的症状相同，就推断自己也患了心脏病，犯了"机械类比"的错误。后来的事实证明，这种仅根据表面现象相同就推断出必然性结论，是不可靠的。如果类比的情况与推出的结论之间有着必然的因果联系，则结论会比较可靠。

② 张某对朋友陈某说，你这官司要请律师找我，我给你介绍一位黄律师，准能帮你打赢官司，因为我听你说的情况，与我上次那场官司很相似，那场官司就是这位黄律师帮我打赢的，请他没错。

[分析]

张某要帮朋友陈某请律师打官司。他根据自己打过的官司与陈某现在的官司很相似，而且自己那场官司请了黄律师结果打赢了，于是就推断出朋友陈某的这场官司，如果请黄律师也一定能打赢的结论。张某运用的是类比推理方法，但类比推理的结论不是必然的，张某仅根据两者表面相似的情况，就推断出必然胜诉的结论，是不可靠的，犯了"机械类比"的错误。

③ 许大妈在清理冻鱼时，刺破了手指，一周后，手掌开始肿胀并出现了红斑。黄医生根据症状看，与以前看过的一位类风湿关节炎病人的症状很相似，诊断为类风湿关节炎。继而许大妈手肿得像个面包，疼痛难忍。为了找出病因，黄医生从病人的掌骨和指关节处抽出液体进行细菌培养，结果分离出了海水分枝杆菌，立即对症治疗，才治好了。

三、推理方面的逻辑错误

[分析]

黄医生仅根据表面症状类似，就断定病人患了类风湿关节炎，是"机械类比"的错误。相同的疾病在一般情况下症状基本相同，但有些不同的疾病某些症状也会相同。因此，在根据若干症状进行类比推理时，其结论只能是或然的，需要作科学检验，才能确诊。

[说明]

"机械类比"是仅根据两个（或两类）事物之间表面的某些相同情况，推出另外某一情况也相同的逻辑错误。这种逻辑错误的原因，在于把两对象间的某些表面相似之处，作为类比的依据进行推断，这样推出的结论没有必然性。

例如根据地球与月球作类比，根据二者都是星体、自身不发光、有自转、公转等，就从地球有生物推断月球也有生物，由于这些相同情况都与生物存在没有本质联系，因此这个结论是不可靠的，事实上，月球上缺少生物所需要的空气和水；在类比中如果发现与类推属性相矛盾的属性，推出的结论就更不可靠。类比推理本身就是一种或然性推理，只有类比的相同属性多，类比属性与类推属性之间有本质联系，才能提高结论的可靠程度。

案 例 举 隅

一 听话听音 不欢而散
——请客话不该这么说

一位老板在花街酒楼请客，一共请了十位，到了约定时间，只来了三位。老板心里着急，走到三人面前，自言自语说："该来的还不来!"说完一会儿，三人中有一位坐不住了，站起来就走了。老板更着急了，就对其余的二位说："你们看，不该走的也走了。"

说完不一会儿,剩下的两位中又有一位站起就走了。老板一看,来了三位,走了两位,还剩一位。老板心急火燎地对剩下的唯一一位说:"你看,我又不是说的他们,您理解吧!"老板刚说完,剩下的这位连忙起身说:"理解、理解!"扭头就走了。老板看着走去人的背影,直发愣,心想"我说错什么了?"

[简析]

老板请客,在客人只到了三位情况下,连说了三句话,表面上听着是表明老板等人的急切心情,但话中隐含的语义,却让客人坐不住了。实际上,话中的含义,是三位客人分别在思维中,用逻辑推理方法推断出来的。

第一句话"该来的还不来",可用直接推理换质法推出"该来的不是来的",再用换位法推出"来的不是该来的"。第一个客人推想到这层意思,当然要站起来走了。

第二句话"不该走的也走了",可用直接推理换质法推出"不该走的不是不走的",再用换位法和换质法先后推出"不走的不是不该走的"和"不走的是该走的"。这时第二位客人听出了这层意思,站起来也走了。

第三句话"我又不是说他们",一共来了三位客人,老板不是说他们二人,那是说谁呢?用选言推理否定肯定式即可推出"第三位客人"该走了。果然,第三位客人一边说着"理解"一边赶快站起来走了。这种结局当然不是请客的人愿意看到的,但由于语言不当,忽略了句中的隐含语义,被客人"听话听音",又不好意思挑明,就会造成非常尴尬的局面。

二　两种推理　两种行为
——振振有词未必合乎逻辑

一天,几个小学生相约去龙潭湖公园玩。一个小朋友脚下一滑,掉进了湖里。别的小朋友吓坏了,大声叫起来:"救人啊,有人落水了!"

周围有许多游客围拢过来,其中有一位身穿警服的年轻人,顾不上脱去衣服,就扑通一声跳进了湖里。人们焦急地等待着,终于小朋友被救上了岸。当人群中的一位年轻记者询问这警察姓名时,他只是回答说:"这是我应当做的。"这时,人群里传来一对男女青年的对话:"你会游泳,刚才你怎么不下去救人呢?"男青年振振有词地说:"我又不是警察!"这时人群中有人说:"说得真没道理,不是警察就该见死不救!这是什么逻辑!"

[简析]

那位警察说:"这是我应当做的",这不只是孤立的一句话。在警察的头脑中,说这句话之前有作为依据的思想前提,只是无须说出而已。其完整的推理是:

　　凡是警察都应救遇险的儿童,
　　我是警察,
　　―――――――――――
　　所以,我应救遇险的儿童。

这是一个合乎逻辑的三段论推理。其中的大前提是一般人的共识,小前提是自己警察身份的事实。不言自明,一般情况下,这两个前提都无须表达,所以警察只说了一句结论"这是我应当做的"。

那位男青年也只说了一句话"我又不是警察"。同样这也不是孤立的一句话,他的思想前提及完整的推理是:

> 凡是警察都应救遇险的儿童,
> 我不是警察,
> ——————————
> 所以,我不应救遇险的儿童。

显然,这也是一个同样的三段论推理,大前提是一般共识,小前提是自己不是警察的事实,但是推出的结论却是不合逻辑的,因为违反了三段论推理第一格"小前提必须肯定"的规则;而这个男青年所说的理由"我不是警察",正是这个推理的小前提。虽然这句话是事实,可以理直气壮地说,但是由它构成的推理却是错误的。要揭示这一点,不能仅凭直觉,要靠必要的逻辑知识和分析能力。

在日常谈话中,我们经常能听到类似这样的语句,说出来的可能就是一句话或两句话,其背后总要隐含着被省略的部分。因而,在语言交际中,我们应当注意通过语言分析其完整的思路,揭示出推理过程,这样才能发现其推理是否合乎逻辑,不要仅因对方振振有词地说了一句实话,模糊了理性思考,忽略了隐含的逻辑错误。

三 推断错误 提问落空
——想当然推理的尴尬

有位刚走上工作岗位的年轻记者,满怀信心去采访一位颇有成就的中年女科学家。

"请问,您毕业于哪一所大学?"

"对不起,我没上过大学,我搞科研就靠自学,我以为自学可以成才。"

"据说您搞的这项科研已有所突破,下一步计划是什么呢?"

"到目前为止,虽然取得些成绩,但还没有什么突破,至于下一步计划还没考虑过。"

女科学家的回答不免使年轻记者有几分尴尬,他忙转移话

三、推理方面的逻辑错误

题,问道:"您的孩子在哪上学?"

不料女科学家十分不悦,答道:"我早已决定把毕生精力奉献给自己的事业,为此,我一直独身至今。请原谅,如果您没有别的问题,就谈到这里吧,我还要工作。"显然,她下了逐客令。

[简析]

这位年轻记者之所以几次提问都落空,是由于缺乏采访经验,仅凭想当然作出错误推断造成的。首先,记者主观认为这位女科学家一定是大学毕业,并以此为前提提问"您毕业于哪所大学?"结果落空。其推理过程是:

许多科学家是大学毕业,

这位女科学家是科学家,

———————————————

所以,这位女科学家是大学毕业。

这是一个三段论推理,尽管前提都是真实的判断,但大小前提的中项"科学家"两次都不周延,违反推理规则,犯了"中项不周"的逻辑错误,不能推出必然结论。因此,以此为前提提问:"您毕业于哪所大学?"结果会落空。

图解可清晰表明:

"科学家"(M)与"大学毕业生"(P)是具有交叉关系的两个概念。"这位女科学家"用"S"表示,上述推理的结论是图中 S_1 的位置,但还可能是 S_2 的位置,因此结论不必然为真。

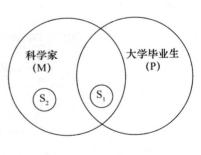

第二个提问的推理过程是:

如果科研项目已有了突破,那么一定已有了下一步计划,

您的科研项目已有了突破,

所以,您一定有了下一步计划。

这是一个充分条件假言推理由肯定前件推出肯定后件的正确式,但其前提判断都是据说的传闻,不是真实判断,而且"科研项目已有了突破"也不能构成"已有了下一步计划"的充分条件。前提虚假的推理,不能得出必然为真的结论,据此提问当然会落空。

第三问的推理过程是:

大多数中年女性都是有家有孩子的,

这位女科学家是中年女性,

所以,这位女科学家是有家有孩子的。

这是一个三段论推理,虽然前提都是真实的,但前提中的中项"中年女性"在大小前提中都不周延,违反推理规则,犯了"中项不周"的逻辑错误,不能推出必然结论,据此提问当然也会落空。(读者可以参照上图对此推理作出相同的图解。)

由此可见,要作出正确的推断,首先要有符合实际的真实判断为前提,再加上合乎逻辑的推理,才能得出正确的结论,然后再设计出恰当的提问。

四 巧设"双刀" 匹配良缘
——松赞干布难倒文成公主

有一段文成公主与松赞干布成婚的佳话:

文成公主当众提出选择丈夫的条件:谁能提出一个能难倒她的问题,就嫁给谁。条件提出以后很长时间没有人能难倒她。一天,松赞干布经过冥思苦想后,很自信地来到公主面前,对公主说:"请问公主,为了使您成为我的妻子,我应该提什么问题才能难倒您?"公主听后,什么话也没说,就答应

三、推理方面的逻辑错误

了婚事,嫁给了松赞干布。

[简析]

文成公主面对松赞干布的问题,处于两难境地:

如果我告诉他一个能难倒我的问题,那么,他就能用这个问题难倒我,我就要嫁给他;如果我不能告诉他一个能难倒我的问题,那么,他就是用他的问题难倒我了,我就要嫁给他。或者我能告诉他,或者我不能告诉他,总之,我都要嫁给他。文成公主万没想到用一个以为没有人能回答的难题,反而使自己被一个问题两难住了。文成公主根据自己的经验以为自己不会被任何问题难倒,至少是犯了"轻率概括"的错误。

松赞干布巧设"双刀",用一个能使公主处于两难的问题,最终使美丽的文成公主成为他的妻子。

四、逻辑思维基本规律方面的错误

夫不可陷之盾与无不陷之矛,不可同世而立。

——韩非子

对于任何事物的肯定与否定,必有一个是真的。

——亚里士多德

逻辑思维的基本规律是人类长期思维经验的总结,是人们正确思维必须遵守的共同准则。人们在运用概念、判断、推理等各种思维形式时,除必须遵守各项具体规则外,还要符合逻辑思维基本规律的要求。逻辑的基本规律主要有三条,即同一律、矛盾律、排中律。这三条规律都要求人们保持思维的确定性,只是各自的角度不同而已。

1. 同一律是指在同一个思维过程中,任何一个思想都具有自身的同一性。同一律要求每一思想都要保持自身的确定性。公式为:A 是 A。("A"是指"任一思想")

2. 矛盾律是指在同一个思维过程中,任何一个思想及其否定不能同真,必有一假。矛盾律要求每一思想及其否定(相反对或相矛盾),不能同时是真的。公式为:A 不是非 A。("非 A"是指与"A"相反对或相矛盾的思想)

3. 排中律是指在同一个思维过程中,任何一个思想与其相矛盾的思想不能同假,必有一真。排中律要求对两种互相矛盾的思想,不能同时都加以否定,其中必有一个思想是真的。公式为:A 或是非 A。("非 A"是指与"A"相矛盾的思想)

遵守这三条规律可使思维保持确定性、无矛盾性和明确性,使语

四、逻辑思维基本规律方面的错误

言表达清晰而有条理,有助于交际获得成功。

逻辑思维的基本规律是思维的规律,不是事物的规律。它只是对思维提出要求,而不对人们如何认识客观世界提出要求。因为逻辑不是世界观,而是思维工具,因此,我们在对思维进行逻辑分析时,不能把逻辑规律与客观事物规律等同起来,因为它们分别是两个领域的规律。如果将思维规律等同于事物规律,就等于取消了思维规律,也就取消了逻辑。

长期以来,人们非常注重对客观世界规律的认识,而忽略对主观思维规律的了解与把握,这也是在语言表达中,造成逻辑缺失现象的重要原因。应当看到,遵守逻辑思维的基本规律是人们在对客观事物的认识中,避免思维陷入混乱,正确反映客观规律的必要条件,也是人们的理性思维和科学精神的体现。

在语言表达中,常见的违反逻辑基本规律的逻辑错误,其中以违反同一律或矛盾律的现象较多。违反思维规律的错误,往往与概念、判断或推理方面的错误牵连在一起,所以有时对同一个病例可以从不同角度分析。前面所举的概念、判断、推理等方面的逻辑错误中有些病例即属此种情况,如"四概念错误"既是推理错误,也是违反同一律的错误,等等。

违反逻辑思维基本规律的错误主要有:偷换概念、转移论题、自相矛盾、模棱两否("两不可")等。

(一) 偷 换 概 念

——为什么不能推出"法院应对被告减轻处罚"?

① 有人在法院为被告说情:"被告曾立过三等功,根据刑法规定,凡立功者可减轻或免予处罚,请法庭考虑。"

[分析]

同一律是指在同一思维过程中,任一思想都与自身同一,要求使用的每个概念或判断都要保持思维的确定性,不能有偷换或转移。

句中所说"曾立过三等功",是指被告个人历史上的荣誉,而后面所说刑法中的"立功",是指在法庭审理本次案件中的立功表现,二者虽语词相同,却不容混淆。这段表述不是对法律不甚了解,就是在故意偷换概念,为被告开脱罪责,违反了同一律。

② 她母亲曾因为弗朗西纳拒绝与她为弗朗西纳选中的男人结婚而要对她进行报复。

[分析]

此句中的第一个"她"代指弗朗西纳,第二个"她"转为代指弗朗西纳的母亲,第三个"她"又来代指弗朗西纳,换来换去,前后不一。这种"指代不明",就是在同一思维过程中,没有保持对象的自身同一,因此是违背同一律的逻辑错误。可将此句修改成:"她母亲曾因为弗朗西纳拒绝自己为她选中的男人结婚而要对她进行报复。"将第二个"她"前的"与"改为"自己"指母亲,并删去"她"后面的"为弗朗西纳",同时将"为"加到"自己"的后面这样句中的三个"她"都是指弗朗西纳一人了。

③ 刑警队徐队长带领7名队员跑步赶到现场,最终徐队长等7名队员机智勇敢地把5个贩毒分子全部抓住了。

[分析]

"徐队长带领7名队员"和"徐队长等7名队员"不同一,前者是8人,后者是7人,前后计数概念不同,违反了同一律。

④ 灯节到了。

司马光夫人说:"我要去看花灯。"

四、逻辑思维基本规律方面的错误

司马光说:"家中这么多灯,何必出去看?"

司马光夫人说:"我还要看游人。"

司马光说:"家中这么多人,何必出去看。"

[分析]

司马光夫人要去看"花灯",司马光却故意把"花灯"说成"灯",阻止夫人出门;夫人又说要去看"游人",司马光又故意把"游人"说成"人",再一次阻止夫人出门。司马光明显是在有意运用"偷换概念"手法,两次阻止了夫人出门。司马光很聪明,由于"灯"与"花灯"、"人"与"游人",都是具有包含关系的属种关系概念,表面上听起来,"灯"内有"花灯","人"内有"游人",话中包含有夫人要看的"花灯"和"游人"在内,使夫人不好辩驳,无话可说。

[说明]

"偷换概念"是指在同一思维过程中,用另外一个概念取代原使用的概念造成的逻辑错误。有故意偷换和无意造成偷换两种情况。

上面列举的病例有如下几种情况:

1. 在特定语境下偷换概念(如例①"立功")。

2. 指代不明造成偷换概念(如例②"她")。

3. 计数混淆造成偷换概念(如例③"带领7名"与"等7名")。

4. 故意偷换概念(如例④"灯""人")。

此类错误在概念、判断、推理中都可能出现,造成此种错误的原因是多方面的,只要是在同一思维过程中,未能在确定意义上使用一个语词,没有保持概念的确定性,就会造成违反同一律的错误。

避免此类错误主要是在同一思维过程中保持概念的确定性,一方面要对所用概念的内涵和外延有准确的把握;另一方面还要在上下文中不要使概念转义,在使用多义词时要特别注意词义的确定,明确所指。

（二）转 移 论 题

——为什么不能得出"青年人应当有什么远大理想"的结论？

① 当代青年应当有什么远大理想，这个问题必须搞清楚，因为青年是祖国的未来，也就是说，理想的青年应当是思想进步、体魄健全、勤劳俭朴、全面发展的优秀人才……

[分析]

前面提出的论题是"当代青年应当有什么远大理想"，后面又转而议论"理想的青年是什么样的"，虽然都用到了"理想"这个词，但表达的概念内涵却不同，一个是指"远大理想"，一个是指"理想的青年"，显然是转移了论题，违反了同一律。

② 各国对急救医学的解释，随着急救工作的发展已基本趋向一致：对各种急重症以及威胁生命的意外事故采取紧急医疗措施，称之为急救。

[分析]

这段话的内容是要对"急救医学"作出解释，但句中所表述的却是对"急救"的解释，犯了"转移论题"的错误，违反了同一律。

③ 动物园的新客——象海豹、野马（题目）

最近几天，北京动物园海兽池吸引了许多游客，原来，新添了一位远方的稀客——象海豹……

还有两匹野马，是本月 25 日从远隔重洋的美国来到中国的……

动物园里唯一的一只雌白头叶猴，前几天生了一只小猴。奇

四、逻辑思维基本规律方面的错误

怪得很,这个小仔完全不像它的父母,一身金黄色的绒毛,颇像个金丝猴。

白头叶猴是我国的珍贵动物。它除了头部是白的以外,颈眉和尾巴尖也是白的,其余部分是黑色。白头叶猴仅产于我国广西西南部,数量很少,目前总数不过600只。

[分析]

在同一思维过程中,论题必须保持前后一致,不能中途转移或偷换。如果一篇文章或一次演讲中间离了题,或漫无边际去扯与论题不相干的事,就叫"离题"或"文不对题"。

这篇短文的标题是《动物园的新客——象海豹、野马》,文章只有四个自然段,却用了整整两个自然段去谈论白头叶猴等如何如何,这种"文不对题"的毛病,在逻辑上,就犯了"转移论题"的错误,违反了同一律。何况,白头叶猴本来动物园就有,它并不是动物园的新客,这和本文的标题《动物园的新客》也是不一致的。

④ 席勒和歌德的友情

席勒(1759—1805)和歌德(1749—1832),并称"德国文坛双璧"。他们在魏玛(德国城市)的友情,更是千古美谈。席勒的诗才逊于歌德(与但丁及莎士比亚并称西方三大诗人),但席勒的剧才则胜于歌德——在舞台艺术方面,有高度成就,对德国的戏剧发展有重大的贡献。不过,他们在道德方面却有分别。席勒努力求进的生活、气质高尚的道德,以及追求崇高理想的精神,成为德国青年的模范。

[分析]

这篇短文的标题是《席勒和歌德的友情》。但是,文中除提了一句"他们在魏玛的友情,更是千古美谈"之外,谈的全是二人各自的特点,根本没有具体谈他们到底有什么友情。显然是文不对题,违反了同一律,犯了"转移论题"的错误。

⑤ 茅台酒的来历

名甲天下、誉满全球的茅台酒,是以其产地茅台村命名的。茅台村现为茅台镇,位于贵州省仁怀县城西北近三十华里的赤水河畔。三四百年前,这里还是一个小小的渔村,因为到处长满莽莽苍苍的茅草,人们就叫它茅草村,简称茅村。公元 1745 年(乾隆十年)清政府组织开修河道,舟楫畅通茅村,茅村成为川盐入黔水陆交接的要冲,日趋繁盛,一度成为拥有六条大街的集镇,茅草也随之消灭,只有寒坡岭下的一个土台上,尚长着茅草,于是人们又改称茅村为茅台村。从清朝末年起,因茅台酒声名日震、人口大增,遂改茅台村为茅台镇,一直沿用至今。

[分析]

本文标题"茅台酒的来历",是一个要说明"茅台酒"发生发展历史的话题,但全文所说明的却是"茅台镇"名的来历,而不是茅台酒本身的来历。从论述的内容看,该文要说明的是"茅台酒"的产地,如何从茅草村,简称茅村,改为茅村,再改为如今的"茅台镇"的来历,而不是"茅台酒"的来历。

[说明]

"转移论题"也叫"偷换论题",是在同一思维过程中前后判断没有保持同一,用另一判断替换已使用的判断,造成的逻辑错误。有故意转移和无意造成两种情况。

上面列举的病例主要有如下情况:

1. 转移论题(如例①"理想的青年")。

2. 文不对题(如例③"动物园的新客")。

四、逻辑思维基本规律方面的错误

3. 说明过程中转移论题(如例⑤"茅台酒的来历")。

避免此类错误主要应注意在同一思维过程中保持主题判断的确定性。说话要注意与话题保持同一,写文章要注意与论题保持同一。尤其在一段较长的说明或论述中,要注意前边提出的论点,后边不得转移,始终保持同一。在行文中或问题讨论中,要防止中间插入与主题无关的论题。对故意转移论题的做法,要及时发现并予以揭示澄清。

(三) 自 相 矛 盾

——为什么不能说"我国有世界上没有的万里长城"?

1. 时间矛盾

① 本市一座现代化新型智能大厦将于今年元旦之前建成。

[分析]

矛盾律是逻辑思维基本规律之一,是指在同一思维过程中,两种互相否定(互相反对或互相矛盾)的思想,不能同时为真,其中必有一假。矛盾律要求思维具有前后一贯无矛盾性。违反矛盾律的逻辑错误即"自相矛盾",是指在同一思维过程中,对两种互相否定(互相反对或互相矛盾)的思想,同时加以肯定而造成的逻辑错误。

上例中"元旦"是指一年开始的第一天。说"今年元旦",只要今年过了"元旦"这一天,今年就没有"元旦"了,下一个再来的"元旦",则是明年的了,"今年元旦之前"则是"去年"了。例中的"将于今年元旦之前建成",包含着"今年将要建成"和"去年已经建成"两个相互否定判断,二者不能同时为真,句中对二者同时加以肯定,违反了矛盾律,犯了"自相矛盾"的逻辑错误。

② 吴某刚刚与聋哑女结婚不到二年多。

[分析]

前面说"刚刚",也就是不久,后面紧接着说"不到二年多",那就不是"刚刚"。上例在同一个句子的思维过程中,对前后互相否定的思想同时肯定,违反了矛盾律;同时,句中的"不到二年多",既说"不到二年",又说"二年多"又是相互否定的两个判断,也不能同时肯定,又是违反了矛盾律,这两处错误都是违反了矛盾律,犯了"自相矛盾"的逻辑错误。

③ 游山逛水,是他的老年一乐。在一项已经完成又意外告吹的计划里,他已没时间去苏杭二州,看看石林西子了。

[分析]

作为一项"计划",要么是"完成",要么是没有完成,不可能兼而有之。如果是实施了一部分而中途流产,那只能说没有按时完成计划。句中把"完成计划"和"未完成计划"的矛盾判断同时加以肯定,违反了矛盾律,犯了"自相矛盾"的逻辑错误。

④ 抗战期间,于××烈士在一次突围中身负重伤,子弹打光了……

[分析]

既成为"烈士",就已光荣牺牲,何能"突围"？此句情理不合,即对同一对象既说他是烈士,又说他不是烈士,自相矛盾,违反了矛盾律,应将"烈士"删去或改为其他称呼。如果要保留"烈士",则需在"烈士"之后加上"生前"。

⑤ 中学有一位物理老师在讲物理的同时,另抽时间给同学再讲点语文知识,以帮助同学提高分析能力和审题能力。

四、逻辑思维基本规律方面的错误

[分析]

句中的"另抽时间"有并非"同时"的意思。既说是"同时",又说"另抽时间",就等于说,既同时又不同时,这就违反了矛盾律,犯了"自相矛盾"的逻辑错误。原句可改为"在物理课之外,另抽时间……"。

⑥ 这个问题一个月了时时刻刻侵扰着我,而在工作非常忙的时候又暂时抛开了那个问题,顾不上去想这件事了。

[分析]

这个句子有两处逻辑毛病:前边说"时时刻刻侵扰",后边又说"暂时抛开……顾不上去想",前后两个分句构成矛盾关系的判断,对两者都加以肯定,违反了矛盾律。另外在后一句中前面说"那个问题",后面又说成"这件事",语法上把这类错误叫作指代混乱。作为代词,"这"是近指,"那"是远指,在同一个思维过程中,对同一事物并用近指远指,不能保持自身的一致,违反了同一律。

⑦ 一个人要想推迟衰老的到来,保持一定时期的青春永在,就要不断地进行健身锻炼。

[分析]

句中所指"一定时期的青春"怎样"永在"?这是把互相矛盾的两种思想混淆在一起都加以肯定,违反了矛盾律。

⑧ 中国园林建筑始于汉唐宫室……

[分析]

"汉"与"唐"是两个朝代,前后相距三百九十多年。中国园林建筑怎能同时开始于这两个朝代?始于汉,就不可能开始于唐;若始于唐,就与汉没有关系。始于汉或始于唐,显然不能同真,如果把互相否定的思想混在一起都加以肯定,就犯了"自相矛盾"错误。

2. 数量矛盾

⑨ 一次龙舟赛中,参加预选赛的 11 个男队和 12 个女队将通过预选赛,各选出 3 个队参加决赛阶段的比赛。最后参加决赛阶段比赛的男、女各有 16 个队。

[分析]

前面说"参加预选赛的 11 个男队和 12 个女队",后面却说"参加决赛阶段比赛的男、女各有 16 个队",参加决赛的队反而比参加预选赛的队多,前后自相矛盾。另外,前面说"各选出 3 个队参加决赛",后面却说"各有 16 个队",又是自相矛盾。

⑩ 王家 18 岁的孪生三姐妹,去年 8 月同时考进上海某大学,却分在不同的专业。

[分析]

"孪生"是指"双生",不可能是"三姐妹",二者是互相否定的两个概念,所以,"孪生三姐妹"作为一个概念,本身包含着矛盾,违反矛盾律。此句中的"孪生"应改为"同胞"。

⑪ 北京工笔重彩画家在北京举办了《红楼梦》美术作品展,展出作品上二百余件。

[分析]

例中说"展出作品上二百余件",包含了两个互相否定的判断:"展出作品上二百件"和"展出作品二百余件"。把这两个判断混淆一起同时都加以肯定,犯了"自相矛盾"错误。

⑫ 相传当年建关时,一位老工匠计算用料精确无误,浩大的工程竣工时,砖瓦恰好用完,只剩一块砖。

四、逻辑思维基本规律方面的错误

[分析]

"恰好用完"表示很巧一块不剩地用完了所有的砖瓦,后面又说"只剩一块砖",前后自相矛盾违反矛盾律。

3. 程度、速度矛盾

⑬ 她的遭遇最惨,而她遭遇的结局更惨。

[分析]

"最"是表示最高程度的副词。前面说"最惨",后边又说"更惨",这样前后承接连用"最"和"更",在程度上有什么比"最"更"最"呢?前面可以有"最惨",但后面不可以有"更惨"同时被肯定,否则就会自相矛盾,应降低前面"最惨"的程度,如说"已是很惨",然后再说"更惨",才合乎逻辑。

⑭ 半年多来,我在中学老师的帮助下,在说话和写文章方面提高很快,但写论文的能力提高很慢。

[分析]

前面说"在说话和写文章方面提高很快",其中的"写文章"包括"写论文",而后面又说"写论文的能力提高很慢",前后自相矛盾,违反矛盾律。

4. 范围矛盾

⑮ 据说一个大商人,没有"欺"字,是成不了事业的。大商人胡雪岩在药业上确实做到"戒欺",他曾告诫他的属下:"药业关系性命,尤为不可欺",并在胡庆余堂的经理室里,挂着一块胡雪岩亲笔写的大匾"戒欺"。

[分析]

前面说"一个大商人,没有'欺'字,是成不了事业的",这是说任何大商人都有"欺",是一个全称肯定判断(A),而后面却说"大商人胡雪岩在药业上确实做到'戒欺'",这又说明有的大商人是没有"欺"的,这是一个特称否定判断(O)。全称肯定判断与特称否定判断之间是矛盾关系,既不能同真,也不能同假,在这段话中对这两个判断都加以肯定,就犯了"自相矛盾"的逻辑错误。

⑯ 边防战士守卫在远离祖国的边疆,虽然生活艰苦,但使命光荣。

[分析]

句中说"远离祖国的边疆",这"边疆"究竟在哪里?"边疆"是在一个国家内相对内地而言,在"祖国"以外,谈何"边疆"。这个用短语表达的概念自身包含着逻辑矛盾,应把"祖国"改为祖国内地的某个地方,如说"远离北京的边疆"。

⑰ 北京一位导游在向法国外宾介绍中国的万里长城时说:"我国有世界上没有的万里长城,就像你们法国有世界上没有的埃菲尔铁塔一样,为世人瞩目。"

[分析]

这位导游说"我国有世界上没有的万里长城",难道"我国"不在世界范围之内吗?说"法国有世界上没有的埃菲尔铁塔",也存在同样的问题,都是包含着自相矛盾的两个断定:既断定世界上"有",又断定世界上"没有"。把互相矛盾的两个判断揉在一个句子里,违反矛盾律,犯了"自相矛盾"的错误。

⑱ 台湾花莲市有人在淡水鱼池中捕获了一条怪鱼。有位鱼类专家寻遍世界鱼鉴,都找不出这是什么鱼。英文鱼鉴上指称这种多鳍鱼是有背泳奇习的世界珍鱼之一。

四、逻辑思维基本规律方面的错误

[分析]

前面说"寻遍世界鱼鉴,都找不出这是什么鱼",后面又说"英文鱼鉴指称这种多鳍鱼是有背泳奇习的世界珍鱼之一",前后自相矛盾,违反了矛盾律。

⑲ 文字成为记录文化的有效工具是从意音文字开始的。现在,世界上所有意音文字都成为历史陈迹了,在今天的世界上巍然独存的意音文字,只有汉字。

[分析]

这段论述中,前句话说"所有的意音文字都成为历史陈迹了",但后句话又说"在今天世界上巍然独存的意音文字,只有汉字",前后矛盾,违反了矛盾律。

5. 状态矛盾

⑳ 今天的天气真不错,万里无云,只有一两朵白云飘过。

[分析]

前面断定"万里无云",后面紧接着又说"只有一两朵白云",就不是"万里无云"了,对相互矛盾的判断同时加以肯定,违反了矛盾律。

㉑ 隐患,即潜藏着的祸患。在消防工作中,一些单位明显的火灾隐患有之,"无形"的火灾隐患亦有之。明摆着的火灾隐患容易消除,而潜藏的"无形"隐患则很难根除。

[分析]

所谓"隐患",即"潜藏着的祸患",这一点在开头已经讲明,但是后面又说"明显的火灾隐患有之",结尾部分再次提到"明摆着的火灾隐患",这里,把"隐患"说成"明显的""明摆着的",都是自相矛盾的,违反了矛盾律。

㉒ 某影院内看《战狼2》的观众爆满,大家整齐地排队挤入电影院。

[分析]

"爆满"是指影院内的观众多到容纳不下的程度,而后面说的是刚入电影院时的拥挤状态,两种状态不可能在同一时间发生,也不可能"爆满"在前,"拥挤"在后,在顺序上前后矛盾。另外,既说"整齐地排队入电影院",同时又说"挤入电影院",到底是"整齐地入",还是"挤入"电影院,把互相否定的两种状态同时加以肯定,也是自相矛盾。可改为"大家整齐地排队进入电影院,影院内看《战狼2》的观众爆满"。

㉓ 足球比赛的时间快到了,观众们争先恐后地鱼贯入场。

[分析]

"争先恐后",必然拥挤得厉害,而"鱼贯入场",则是顺序而行,把互相否定的两种状态同时加以肯定,自相矛盾,违反了矛盾律。

㉔ 山泉迈着轻盈的步子,
从山中泻下,把浪花飞溅。
带着初春消融的冰雪,
带着三月盛开的白兰。

[分析]

诗中说"山泉迈着轻盈的步子",是形容山泉水流得轻慢舒缓。诗中又说"从山中泻下",则是形容泉水飞流直下,气势很大。这是两种不同的状态,将两种完全不同的状态,在同一思维过程中用于同一对象,这就造成自相矛盾,违反了矛盾律。

㉕ 纵容庇护凶手的原党总支副书记陈××被提为总支书记,还被当选为"人民代表"。

四、逻辑思维基本规律方面的错误

[分析]

"被当选为……"这种句式隐含矛盾。在同一思维过程中,思维的对象自身必须保持一致。"当选为人民代表"是主动状态,"被选为人民代表"是被动状态,在同一个句子中,主项既是主动状态,又是被动状态,这就产生了矛盾,违反了矛盾律,应根据实际情况确定一种状态。

6. 行为矛盾

㉖ 老父亲的老花眼久久地凝视着比自己高半个头的小伙子,从头看到脚,又从脚看到头。

[分析]

前面说"老父亲的老花眼久久地凝视着比自己高半个头的小伙子","凝视"就是视线盯着某处不动,而后面又说"从头看到脚,又从脚看到头",那就不是"凝视"了,前后矛盾,违反了矛盾律。

㉗ 对那些专门从事非法营销、非法中介等组织或个人,有关部门要加强管理和取缔,对极少数情节严重、态度恶劣者,要采取严厉措施。

[分析]

"加强管理和取缔"是指两者并用,但这两者是矛盾的、不可能同时实行。既然"取缔"了,还"管理"什么?既然要"加强管理",为何还要"取缔"?对互相否定的判断同时肯定,犯了"自相矛盾"的错误。

㉘ 我们基本上完成了这套《中国历史丛书》的全部编辑工作。

[分析]

前面说"基本上"完成,后面又说是"全部"的编辑工作,是"基本上",就不能是"全部",是"全部",就不能是"基本上",对两个互相否定的断定,同时加以肯定,违反矛盾律,犯了"自相矛盾"错误。

㉙ 张局长因滥用职权,贪污受贿,最近受到撤销党内外一切职务和行政降职处分。

[分析]

既然已经对张局长"撤销党内外一切职务",如何还会有"行政降职处分"。是"撤销职务"就不是"降职";是"降职"就不能是"撤销职务"。这种表述显然自相矛盾,违反矛盾律。

7. 价值矛盾

㉚ 这只金虎,价值连城,实属国宝。据考证,这只金虎为东汉时期的工艺珍品,被国家文物事业管理局列为国家一级保护文物。其他被盗金器也十分贵重,仅一件金器就价值上万元。而今,这样的无价之宝却突然失踪了!这件事引起了有关部门的高度关注。

[分析]

上文所说的"这样的无价之宝",显然既包括那只金虎,也包括"其他被盗金器"。那只金虎"为东汉时期的工艺珍品,实属国宝",堪称"无价之宝",而其他被盗金器虽然也十分贵重,"仅一件金器就价值上万元",但毕竟是有价的,不是"无价之宝"。在同一思维过程中,既断定某些被盗金器是有价的,又断定包括这些金器在内的所有的被盗金器是无价之宝,前后自相矛盾,违反了矛盾律。

[说明]

"自相矛盾"的错误是日常语言表达中很常见的一种逻辑错误。从内容方面看涉及范围比较广泛,因而又分为若干小类,列出时间、数量、程度、范围、状态、行为、价值等方面的矛盾情况分别给以例析。在

四、逻辑思维基本规律方面的错误

语言表达中,自相矛盾的错误既可出现在词组(概念)中,也可出现在一个语句(判断)中,还可出现在前后相关的两个语句之间。

避免此类错误应注意,在同一语言表达的思维过程中,使用的概念或判断,以及判断之间是否有矛盾,要保持思维的前后一贯性。这就要求使用明确的概念和准确的判断,并要重点把握性质判断中反对关系和矛盾关系都不能同真的对当规律,以便对判断之间是否违反矛盾律作出逻辑分析。

需要指出,在日常表达或文学作品中,有时为了强调或感情表达的需要,往往用一种矛盾情况加以对比的修辞手法,如老舍的《骆驼祥子》中有这样的句子:"什么响动也没有,只有天上的星伴着自己的心跳。"另外,如果从事物的不同角度,作出互相矛盾的判断,并不违反矛盾律,如有诗句说:"有的人活着,他已经死了;有的人死了,他还活着。"这是从人的肉体和精神两方面来说的,不应看作逻辑矛盾。还有一些约定俗成的习惯用语,如说"我没来北京以前",与说"我来北京以前",从语表看是互相矛盾的,但口语中把后句说成前句的不在少数。

(四)模棱两否(两不可)

——为什么不能对这部手机"是国产货"和"不是国产货"两种说法都予以否认?

① 有人说:"这部手机是国产货。"也有人说:"这部手机不是国产货。"手机的主人却说:"你们说的都不对,我这手机是从英国买的中国货。"

[分析]

排中律是逻辑基本思维规律之一,是指在同一思维过程中,两种互相矛盾的思想不能同时被否定,二者必有一真。排中律要求思维具有明确性,不能含糊其辞。违反排中律的逻辑错误是"模棱两否"(两不可)。

上例中手机的主人对相互矛盾的两种说法都予以否定,显然违反了排中律,犯了"两不可"的逻辑错误。手机的主人又说"我这手机是从英国买的中国货",这又肯定了"手机是国产货"的说法,显然又违反了矛盾律,犯了"自相矛盾"的逻辑错误,手机主人前后两句话都违反了思维规律。只要删去前句话,只说后句话,肯定第一个人说的对即可。

② 蟹肥季节,适逢柿红之时,有人说蟹不能与柿同食,这并没有科学依据。因为两者所含营养成分大致相同,两者相遇不会产生有毒物质。但柿子含有大量的单宁酸,与蟹肉一同进入胃肠道时,会刺激肠壁收敛导致肠液分泌减少,消化功能降低。加上蟹与柿均属寒性,同食易诱发胃肠疾患,故蟹与柿可以同时吃也是不对的。

[分析]

这段议论从开头看是驳斥"蟹不能与柿同食"的说法,但最后结论却是"故蟹与柿可以同时吃也是不对的"。这就对"蟹与柿不能同食"和"蟹与柿能同食"两个互相矛盾的判断,同时都予以否定,违反了排中律,犯了"模棱两否"(两不可)的逻辑错误。

[说明]

"模棱两否"(两不可)是指在同一思维过程中,对两种互相矛盾的思想同时否定而造成的逻辑错误,也称"两不可"错误。

排中律与矛盾律的区别在于:矛盾律要求二者不能都真,其中必有一假,这对矛盾关系和反对关系都适用;而排中律要求二者不能都假,其中必有一真,却只能处理矛盾关系,不能处理反对关系,因为反

四、逻辑思维基本规律方面的错误

对关系二者可以同假,而排中律的逻辑要求是不能同假,因而只能处理既不能同真也不能同假的矛盾关系,却不能处理不能同真可以同假的反对关系。

正由于排中律的此种性质就决定了它不能用于反对判断,或者说排中律不适用于包含有第三种可能的事物关系。例如,有人说某人"他既不是北京人,也不是上海人",这并不违反排中律,因为"他是北京人"与"他是上海人"是反对关系判断,可以同假,中间有第三种可能,事实上,他还可能是其他城市的人,因此,排中律只能处理相互具有矛盾关系(没有第三种可能)的判断。

在具体分析时,还要注意由于人们认识的局限性,对暂时还不了解的事物,不明确表态,并不违反排中律。例如,议论"人的祖先是不是海猿",有人说"是",有人说"不是",对这两种意见持都不肯定态度,并不违反排中律,因为认为"人的祖先是海猿",至今仍是一种假说,论题本身尚无定论,因此,对此论题持两否态度,不明确表态,反而是恰当的。至于日常生活中不便表态的场合,或含糊其辞,或左右言他,有时也是一种特殊语境下的对话技巧。

另外,对有隐含判断的"复杂问语",不能简单给予明确回答。所谓"复杂问语",是隐含预设的问句,对方无论作出肯定或否定的回答,都意味着肯定了问句中预设的未知情况。如问"你戒烟了吗?"回答"戒了"或"没戒",都意味着告诉对方"我是抽烟的人",所以对"复杂问语",不作明确的回答,并不违反排中律。

案例举隅

一 周人卖"璞" 郑人不取
——是老鼠肉，还是玉石

我国古代《尹文子》中有一则《周人怀璞》的故事：

"郑人谓玉未理者为璞，周人谓鼠未腊者为璞。周人怀璞谓郑贾曰：'欲买璞乎？'郑贾曰：'欲之。'出其璞视之，乃鼠也，因谢不取。"

[简析]

故事中周人所说的"璞"与郑人所说的"璞"，字虽相同，但在郑人与周人的不同地方所指对象不同，周人那里是指未风干的鼠肉，而在郑人那里是指未雕刻的玉石，也就是同一个词可以表达两个不同的概念。周人怀璞只是问郑人要不要买"璞"，没有明确是鼠还是玉；而郑人也只是说要买"璞"，也没有问清是鼠还是玉，结果交易失败。其原因是因为双方事先各自都没有明确自己所说的是哪一种"璞"，结果要卖的"璞"，不是要买的"璞"，交易失败。因此，在交易中，双方首先必须要明确交易的对象，如果表达对象的语词包含多义，必须在确定的含义上使用这个词，然后这项交易才能顺利进行，也就是双方都要遵守同一律。

二 万能溶液 何物可盛
——瞬间破灭的"伟大理想"

一个想进大科学家爱迪生实验室的年轻人，与爱迪生有一段对话：

年轻人说:"我有一个伟大的理想,发明一种万能溶液,它可以溶解一切物品。"

爱迪生惊奇地说:"什么!那么你想用什么器皿来放置这种万能溶液?它不是可以溶解一切物品吗?"

年轻人被问得哑口无言。

[简析]

年轻人的表述是自相矛盾的,违反了矛盾律。年轻人所说的想要发明的万能溶液,是能溶解一切的,当然也包括能盛它的任何器皿。能溶解一切,同时又要有不能被溶解的容器,无法共存,岂不矛盾。

三　巧用排中　猜中婚谜
——鲍西娅肖像之谜

莎士比亚名剧《威尼斯商人》中的美丽少女鲍西娅,面对众多求婚者,按照父亲生前的遗嘱,规定她要用猜谜方法择偶。

鲍西娅对求婚者宣布:

我这里有三只匣子,一只金的,一只银的,一只铅的,我的肖像就放在其中一只匣子里。每只匣子上都写了一句话:

金匣子上写着:"肖像在这个匣中";

银匣子上写着:"肖像不在这个匣中";

铅匣子上写着:"肖像不在金匣中"。

请注意,这三句话中只有一句是真话。如果哪一位猜中我的肖像在哪个匣子中,那么他就将是我的丈夫。鲍西娅说完,所有求婚者都陷入了沉思……

不一会儿,一位年轻人兴奋地说:"我猜您的肖像一定在金匣中。因为,金匣子和铅匣子上的两句话是互相矛盾的,其中必有一句是真话,而且,金是最贵重的,您一定是放在这里了。"鲍西娅说:"不对,这样就是金和银两个匣子上都是真话了。"又过了一会儿,一位彬彬有礼的年轻人非常自信地说:"尊敬的鲍西娅,我猜您的肖像在银匣中。"鲍西娅当场宣布:"遵守先父的遗嘱,我现在就是您的妻子了!"

[简析]

逻辑的排中律告诉我们:两个互相矛盾的判断不能同假,必有一真。在三个匣子上的三句话中,金匣子上的"肖像在这匣中"与铅匣子上的"肖像不在金匣中",是一对互相矛盾的判断,其中必有一真;而鲍西娅给的条件是:三句话中只有一句话是真的,那么这句真话必在这两句之中。第一位年轻人只是看到了这一点,忽略了鲍西娅给的条件是包括了三句话。而第二位年轻人的思路是同时考虑到鲍西娅给的条件,从包含一句真话的两个矛盾判断以外,考虑到第三句话银匣子上的"肖像不在这匣中",因为那唯一的真话只能在两个互相矛盾的判断中,所以这句话必假无疑;当然结论就是:肖像在银匣子中。

四　两相反对　可居中间
——"中门而立"让齐桓公改了主意

《韩非子·外储说左下》里有一段对话:

齐桓公要立管仲为仲父,对群臣说:"我想立管仲为仲父,同意的站在左边,不同意的站在右边。"东门牙偏偏"中门而立"。齐桓公说:"我立管仲为仲父,命令同意的站在左边,不同意的站在右边,你为什么站在中间?"东郭牙说:"凭着管仲的智慧和果断,能谋天下,行大事吗?"齐桓公说:"能。"东郭牙说:"您把管理国内外大事的权全都授予他,借着您的势力来治理齐国,不会有什么危机吧?"齐桓公说:"好。"于是任

四、逻辑思维基本规律方面的错误

隰朋治理国内,任用管仲治理外交,让他们互相制约。

[简析]

齐桓公对群臣说:"我想立管仲为仲父,同意的站在左边,不同意的站在右边。"是让群臣对"立管仲为仲父"这件事,是同意还是不同意作出表态。而东郭牙却"中门而立",并指出"您把管理国内外大事的权全都授予他,借着您的势力来治理齐国,不会有什么危机吧?"这就扩大了"同意还是不同意"要考虑的内容,使"同意还是不同意"(矛盾关系)变为"完全同意还是完全不同意"(反对关系),中间还有一种"不完全同意"的选项。东郭牙的"中门而立"和他的一番表述,表达了"不完全同意"的第三种主张"分而治之"的态度,而且齐桓公立即接受了这一建议。逻辑上对两个反对关系的判断都表示反对,并不违反排中律。

五、论证方面的逻辑错误

　　夫辩者，将以明是非之分，审治乱之纪，明同异之处，察名实之理，处利害，决嫌疑。

　　　　　　　　　　　　　　　　　　——墨子

　　论证是证明必然的结论的，并且如果必然的结论曾经被论证了，这个结论就不可能不如此。

　　　　　　　　　　　　　　　　　　——亚里士多德

　　论证（也称证明）是用已知的真实判断确定某一判断真实性的思维过程，是对概念、判断及推理的综合运用。论证的结构是由论题、论据和论证方式三部分组成。论题是被确定其真实性的判断；论据是用来确定论题真实性的判断；论证方式是用论据推出论题的推理过程。例如：

　　　论题：水是化合物。
　　　论据：凡是由两种或两种以上物质化合后形成的物质都是化
　　　　　　合物，　　　　　　　　　　　　　　　（推理的前提）
　　　　　　水是氢和氧两种物质化合而成的物质，　　　（同上）
　　　　　　所以，水是化合物。　　　　　　　　　　（推理的结论）
　　　论证方式：三段论推理演绎论证。

　　由上例可见论证与推理关系密切。论证的论题和论据相当于推理的结论和前提；而推理的前提和结论相当于论证的论据和论题。论证是先有论题，然后用论据证明论题的真实性；而推理是先有前提，然后推出结论。论证的论题就是用推理合乎逻辑地推出的结论，从而达到证明论题为真。论证方式就是用有效的推理来完成论证的过程。论证与推理之间的结构关系如图所示：

论证方式——推理形式

论证方式分为演绎论证、归纳论证和类比论证三种基本类型。演绎论证是运用演绎推理方式进行的论证。因演绎推理为必然性推理，其结论必然为真，所以，演绎论证是可推断结论必然为真的论证（如上例）；而归纳论证和类比论证，除完全归纳论证外，都属于或然性论证。

论证方法可分为直接证法和间接证法两种。直接证法是以事实或科学原理等为论据直接确定论题真实性的论证方法。间接证法是通过推理否定与论题相矛盾的判断（如反证法）或否定其他的相关判断（如选言证法），从而间接确定论题真实的论证方法。

论证的一般规则有如下六条：

  论题方面：(1) 论题必须清楚明确。否则为"论题不明"（或"论旨不明"）的错误。

  (2) 论题必须保持同一。否则为"偷换论题"（或"转移论题"）、"证明过多""证明过少"的错误。

  论据方面：(3) 论据必须真实、充分。否则为"论据虚假""论据不足"的错误。

  (4) 论据不应使用未经证实的论断。否则为"论据预期"的错误。

  (5) 论据不能依赖论题，否则为"循环论证"的错误。

论证方式:(6) 从论据必须能合乎逻辑地推出论题。否则为"推不出来"的错误。

从广义说,论证也包括反驳。反驳是用已知的真实判断确定某一判断虚假的思维过程。反驳是一种特殊的证明,它与证明的目的相反;证明是要确定自身论题的真实,而反驳是要确定对方论题的虚假或不能成立。

反驳的结构是由被反驳的论题、反驳的论据和反驳的方式三部分组成。被反驳的论题是被确定为虚假的判断;反驳的论据是用来确定被反驳论题虚假的判断;反驳的论证方式是反驳中运用的推理形式。例如:

被反驳的论题:骑电动自行车不必遵守交通规则。

反驳的论据:骑电动自行车必须遵守交通规则。　　(设反论题)

凡驾驶车在道路上行驶都必须遵守交通规则,

(推理前提)

骑电动自行车是在道路上行驶,　　　　　　(同上)

所以,骑电动自行车必须遵守交通规则。

(推理的结论)

根据矛盾律判定:被反驳的论题"骑电动自行车不必遵守交通规则"是错误的。

反驳的方式:三段论独立证明间接反驳法。

反驳的方法有反驳论题、反驳论据和反驳论证方式三种类型。

一、反驳论题:有直接反驳和间接反驳两种方法。(一)直接反驳即直接用事实或一般原理论证对方论题是假的。(二)间接反驳主要有独立证明和归谬法两种。独立证明即用相关推理证明与对方论题相矛盾(或反对)的论题是真的,从而确定对方论题为假(如上例);归谬法即假定对方论题为真而推出不能接受的结论，从而反推对方论题为假的反驳方法。上例也可用归谬法反驳如下：

被反驳的论题：骑电动自行车不必遵守交通规则。

反驳的论据：如果骑电动自行车不遵守交通规则，就要受到处罚，

不要受到处罚，

所以，骑电动自行车必须遵守交通规则。

根据矛盾律判定：被反驳论题"骑电动自行车不必遵守交通规则"是错误的。

反驳的方式：充分条件假言推理（否定后件式）归谬法。

二、反驳论据：可以同样用反驳论题的方法来证明对方论据虚假；但要注意驳倒了论据不等于驳倒了论题，只可以使其论题丧失根据而不能成立，也属于有效的反驳。

三、反驳论证方式：是通过指出对方论据与论题之间没有必然联系，从而证明其论题不能成立，也是不等于驳倒了论题，只可以使对方论题丧失根据而不能成立，但也属于有效的反驳。

由于反驳实际上是用一个证明去推翻另一个证明的过程，因此，论证的规则也都是反驳要遵守的规则。

论证方面的逻辑错误主要有论题不明、偷换论题、论据虚假、论据不足、论据预期、循环论证、推不出来、无效反驳等。

（一）论 题 不 明

——为什么不能以"论电视剧《甄嬛传》的思想性或艺术性"为论题？

① 论题：学习古代人的精神是建设现代社会文明的重要内容

[分析]

论题中所指"古代人的精神"是论题中主要的核心概念,作为概念其内涵和外延并不明确,含义模糊笼统。什么样的"古代人",怎样的"精神"都不清楚,很难与后面的"重要内容"相呼应,应根据论文的内容予以明确。

② 论题:论电视剧《甄嬛传》的思想性或艺术性

[分析]

"论电视剧《甄嬛传》的思想性或艺术性",是一个相容的选言判断,包含三种可能:一是只谈思想性,不谈艺术性;二是只谈艺术性,不谈思想性;三是二者都谈。论题本身是一个含义不明的判断,论述再好也不能使论文扣题,应在三种断定中明确其一。

[说明]

"论题不明"也称"论旨不明",是指在论题中使用的概念没有明确的内涵和外延,或判断没有确切的断定,造成论题不明确的论证错误。

上面列举的病例有如下两种情况:

1. 论题中概念不明(如例①"古代人的精神")。

2. 论题中判断不明(如例②"思想性或艺术性")。

避免此类错误关键在确定论题时,要把论证的核心内容用简明的语词概括出来,使论题与论证内容完全吻合,使用概念和判断既要简明概括又要准确恰当。

(二)偷换论题

——为什么不能推出"自学必能成才"?

① 名人未出于名门者,委实更多。如果注意查看一些名人

五、论证方面的逻辑错误

的身世经历,就会发现他们的出身并不高贵,其家庭既不是有万贯余财的富户,其先父远祖也不是具备独家擅长的技艺,以至祖传世袭。因此,我们可以说,所有的名人都是从无名小辈中过来的,从没有生下就是名人的先例。

[分析]

上文开始提出的论题是"名人未出于名门者,委实更多",而结论却是"所有的名人都是从无名小辈中过来的,从没有生下就是名人的先例"。这两个判断前后是不一致的,犯了"证明过多"的偷换论题错误。

而且,其论证过程中的推理是运用简单枚举的不完全归纳法作出推论,仅根据一些名人的身世经历就推出对"所有的名人……"的结论,也是"轻率概括"的逻辑错误。

② 质量和数量是对立统一的,是可以互相转化的。没有数量,也就没有质量,而质量的好坏,又影响数量的多少。……产品质量高,一件顶两件用,对于使用者来说,相对就增加了数量。产品质量不好,废品次品多,材料、资金和劳动时间就白白的消耗掉了,所以说,这是最大的浪费。

[分析]

上文的论题是"质量和数量是对立的统一,是可以相互转化的",论题是一个外延很大的哲学命题,从议论内容来看,是要拿产品质量与数量的关系,来证明此论题,但最后得出的结论却把论题转移为:"产品质量不好,废品次品多……所以说,这是最大的浪费。"完全离开了原论题,犯了"偷换论题"的论证错误。

③ 论题:"谈自学也可以成才"。论文经过举证若干自学成才的实例后,得出的结论是:"……由此可见,自学途径是艰苦的,

但经过努力,自学必能成才。"

[分析]

论文的题目是"谈自学也可以成才",而结论是"自学必能成才",由一个可能性判断,推出一个必然性判断为真,既违反了模态推理的规则,又因提高了判断的程度,犯了"证明过多"的论证错误。而且由举证若干自学成才的实例,就推断出"自学必能成才"的结论,又犯了"轻率概括"的逻辑错误。

④ 论题:"论鲁迅杂文的思想性及社会意义"。论文中选出了几篇鲁迅前半生有代表性的杂文进行了分析后,得出的结论是:"总之,通观鲁迅前半生所写的杂文,我们的结论是……"

[分析]

论文的题目是"论鲁迅杂文的思想性及社会意义",而结论却变成"鲁迅前半生所写的杂文"。原题目中"鲁迅杂文"这一概念的外延被缩小,与论题失去一致,犯了"证明过少"的论证错误。

[说明]

"偷换论题"也称"转移论题",是指在论证过程中,用另外一个论题改变了原来论题或论题与结论在证明内容范围或程度上不一致的论证错误。"偷换论题"既是论证错误,也是违反同一律的错误。上面列举的病例有如下几种情况:

1. 论证结论证明过多且推理错误(如例①"所有的名人都是……")。

2. 论证结论转移论题(如例②"这是最大的浪费")。

3. 论证结论有三重逻辑错误:证明过多且模态误推并轻率概括(如例③"自学必能成才")。

4. 论证结论证明过少(如例④"鲁迅前半生所写的杂文")。

避免"偷换论题"或"转移论题"错误,首先要使确立的论题清楚明确,并要自始至终保持论题的确定性,不要离开论题任意发挥,务必使结论扣住论题。避免"证明过多"或"证明过少"此类错误首先要审好题,然后围绕论题组织材料进行论证,使用材料要符合论题的范围。如果自己命题,必须根据自己所使用材料的程度和范围作出与论题内容一致的命题。

（三）论 据 虚 假

——为什么不能推出"这是刘墉书法作品的真迹"?

① 这幅清代刘墉的书法作品是真迹,因为上面有清康熙皇帝的御览印章。

[分析]

论证"清代刘墉的书法作品是真迹"的论据,是作品上有"清康熙皇帝的御览印章",但刘墉是康熙、雍正以后乾隆时期的人,他的书法作品上不可能有康熙的御批,显然这个论据是虚假的。

② 某银行的取款机被砸,而且监控装置被毁,警方经缜密调查,抓到犯罪嫌疑人,但他却否认在作案时间到过该银行,企图证明自己与作案无关。但有证人亲眼见到他在现场的作案过程,并拍下了几张照片,而且警方在现场也发现了他丢下的一只手套。在事实面前,犯罪嫌疑人无言可辩,承认了罪行。

[分析]

犯罪嫌疑人企图以"在作案时间没到过银行"为论据,否认自己的罪行,但有证人于作案时间看到他在作案,而且警方在现场也发现了他的手套,在事实面前,证实了犯罪嫌疑人的论据是虚假的,不能成立。

[说明]

"论据虚假"也称"虚假理由",是指在论证过程中使用虚假论据的论证错误。上面列举的病例有如下两种情况:

1. 时间上造假论据(如例①"清康熙皇帝的御览印章")。
2. 编造谎言论据(如例②"否认在作案时间到过该银行")。

(四) 论 据 不 足

——为什么不能推出"戚继光长大后必能成为军事帅才"?

① 戚继光长大后,之所以成为一名震惊中外的军事帅才,是由于家教严格。

[分析]

我国历史上的民族英雄戚继光能成为帅才,固然同他生于将门之家,家教严格有关,但这并不是一个决定性的因素。以此作为他成才的论据,对于论证论题的真实性来说虽是重要的,但不是充分的,还必须提出其他论据,从逻辑上看,是犯了"论据不足"的错误。

② 胡也频一定是个革命者,因为他是在上海被国民党枪杀的。

[分析]

胡也频确实是被国民党上海龙华警备司令部枪杀的,胡也频也是革命作家。但"胡也频是革命者"这一论题,并不能从"被国民党枪杀的"这个论据中必然推出。因为被国民党枪杀的不都是革命者,也有许多因为其他原因被杀的。其论证过程中,隐含了一个错误的大前提:"凡是被国民党枪杀的都是革命者"。所以由于论证中推理错误导致了"论据不足"的逻辑错误。

[说明]

"论据不足"是指在论证过程中由于论据不充分因而不能确定论题真实性的一种逻辑错误。

上面举的病例有下列两种情况:

1. 论据有关但不充分(如例①"由于家教严格")。

2. 论据真实但不必然(如例②"被国民党枪杀")。

避免此类错误就要对论证的论题掌握足够的论据,注意不要把某一方面的情况当作全面的、充分的论据进行论证;而且还要洞查推理中因有错误的前提或违反规则造成的论证失误。

(五) 论 据 预 期

——为什么不能推出"有野人存在"?

① 在这个人迹罕见的深山密林中,是有野人存在的,因为许多探险者在山林中多次发现了野人的足迹、粪便,甚至跟踪过野人。

[分析]

论证"这个人迹罕见的深山密林中,是有野人存在的",论据是"许多探险者在山林中多次发现了野人的足迹……",但是否有野人,一直未被科学家所证实。用一些未被证实的论据,可以作出各种推测,但不能必然推出论题,犯了"论据预期"(或"预期理由")的论证错误。

② 地球上飞来的不明之物是宇宙人发射的探测器,因为科学家认为,外星球可能存在比人类更高级的宇宙人,他们会向地球发射宇宙飞行器。

[分析]

论证"地球上飞来的不明之物是宇宙人发射的探测器",论据是"科学家认为,外星球可能存在宇宙人",但是,外星球存在宇宙人还只是推测,至今未被证实。科学家也只是在说"可能",不能成为真实论据。

[说明]

"论据预期"(或"预期理由"),是指在论证过程中使用尚未证实的判断为论据造成的论证错误。上面举的病例有下列两种情况:

1. 根据若干考察的推测作论据(如例①"有野人的足迹")。
2. 根据科学家的推测作论据(如例②"宇宙人发射的探测器")。

避免此种错误只有等待经过科学论证,获得关于论题的真实确证,才能做出真实可靠的逻辑论证。

(六)循 环 论 证

——为什么不能推出"月光是白的"?

① 为什么说改革经济体制是当务之急呢?因为改革经济体制是目前最迫切的任务,所以,我们必须把改革经济体制当做当前最急迫的任务。

[分析]

这段议论中的论题是"改革经济体制是当务之急",而论据和结论只是把"当务之急"换成"当前最急迫的任务",没有任何论证过程。"所以"后的结论只是重复了论题和论据的判断,实际上,三句话都在"同语反复"说一句话,犯了"循环论证"的错误。

② 当一盘喷香美味的糖醋鲤鱼端上饭桌时,鱼嘴能张合,鱼

五、论证方面的逻辑错误

鳃会扇动……我们不解地问邹经理,鱼已经烧熟了,嘴和鳃为什么动弹?邹经理告诉我们,这是厨师绝妙的烹调技艺。做好的鱼可活二三十分钟,有时一条鱼吃得只剩骨架了,鱼嘴还能张合。

[分析]

"我们"问邹经理:鱼已经烧熟了,嘴和鳃为什么动弹?邹经理应该针对问题本身来回答。可是他却回答说:"这是厨师绝妙的烹调技艺。做好的鱼可活二三十分钟,有时一条鱼吃得只剩骨架了,鱼嘴还能张合。"这个回答虽然说明了厨师的技艺如何高超,但仍只是重复说明了原问句中要求解释的现象——烧熟的鱼的嘴还能动弹。至于为什么烧熟的鱼的嘴还能动,仍未作出任何道理上的解释。

③ 月光是白色的,因为人感觉月光是白色的;而为什么人感觉月光是白色的,因为月光是白色的。

[分析]

论题是"月光是白色的",论据是"人感觉月光是白色的",其内容只重复了论题;而且反过来,论据本身还要用论题来再论证,造成"同语反复",是一种典型的"循环论证"错误。

[说明]

"循环论证"是指在一个论证过程中使用的论据直接或间接依赖论题的逻辑错误,也称"同语反复"或"恶性循环"。

上面举的病例有下列两种情况。

1. 没有论证过程的直接循环(如例①"改革经济体制是当务之急")。

2. 答非所问中的循环论证(如例②"厨师绝妙的烹调技艺")。

避免此类错误,首先要对论题有正确的了解,并掌握能够作为科学论据的材料,否则,硬要论证,就会出现同语反复、重复论题的毛病,说来说去也没有说明为什么,有时这种循环论证就成了搪塞之词。

(七) 推 不 出 来

——为什么不能推出"他是一位运动员"？

① 他一定是位运动员,因为,只有体格健壮的人才能成为运动员,他的体格健壮,所以,他一定是位运动员。

[分析]

论题是"他一定是位运动员",论据是"只有体格健壮的人才能成为运动员,他的体格健壮",推出结论"他一定是位运动员"。论证方式是运用了必要条件假言推理,但是由于通过肯定前件推出肯定后件,违反了必要条件假言推理规则,结论不能保证必然为真,犯了"推不出来"的论证错误。事实上,"体格健壮的人"未必都是运动员。

② 先天畸形病多数在出生后发现,也可能在婴儿期、儿童期甚至青春期发现。比如手足不能自主控制的舞蹈病,可以在35岁以后发病。

[分析]

要做到论证有说服力,不仅要求论题明确,论据真实,而且要求论题和论据之间要有必然的逻辑联系。

这段话的观点是"先天畸形病在出生后发现,也可能在婴儿期、儿童期甚至青春期发现",下面却举"舞蹈病"为例来证明,说"舞蹈病可以在35岁以后发病",而"35岁以后"既不是青春期和儿童期,也不是婴儿期,不能证明前述的观点。从论证过程看,所用的论据与论题不相干,根本推不出来论题。

③ 我国戏曲剧种有三百余种。这些剧种的形成，自有其历史、地理、语言、风俗等诸因素，而这些因素发生变化，自然会使某些剧种随之变化，或是发展，或是革新，或是消亡。这就是今天城市观众，特别是城市青年观众不那么欣赏戏曲的原因。

[分析]

这段议论目的是要说明"今天城市观众，特别是城市青年观众不那么欣赏戏曲"的原因。但是所提出的论据只说明了这些剧种形成的诸因素，以及随着这些因素变化，某些剧种也发生变化的情况，仅只这些，如何能说明城市观众不欣赏戏曲的原因。论据与论题之间没有必然联系，当然这些"论据"也就不能成为推出论题的根据了。

④ 被告人陈某被指控有杀人罪行，理由是：(1) 被害人是昨夜在库房值班室被害，而陈某昨夜曾去过库房值班室；(2) 被告人的外衣上有血迹；(3) 曾看到被告家中有匕首，而被害人正是被匕首刺杀的。

[分析]

上述指控被告人陈某有杀人罪行的三条理由都不能成立。

理由①的推理是：如果陈某是杀人犯，那么陈某昨夜一定去过库房值班室，而陈某昨夜曾去过库房值班室，所以，陈某是杀人犯。这是一个充分条件假言推理，根据逻辑规则，不能通过肯定后件推出肯定前件为结论，"昨夜曾去过库房值班室"的人未必就是"杀人犯"。

理由②的推理是：如果陈某是杀人犯，那么陈某的外衣上可能有血迹，而陈某的外衣上有血迹，所以，陈某是杀人犯。这也是一个充分条件假言推理，与理由①的错误相同，"外衣上有血迹"的人未必就是"杀人犯"。

理由③的推理是：如果陈某是杀人犯，那么陈某应当有匕首，而陈某家中有匕首,所以,陈某是杀人犯。与①②的推理错误相同,"家中有匕首"的人未必就是"杀人犯"。以上三条理由的推理都不能推出必然为真的结论,属于"推不出来"的论证错误。

[说明]

"推不出来"是指在论证过程中论据与论题之间没有推论关系(不相干或违反推理规则)造成的逻辑错误。

上面举的病例有下列几种情况:

1. 论证中推理违反规则推不出(如例①"他一定是位运动员")。

2. 论据与论题不相干推不出(如例②"在35岁以后发病")。

3. 论据与论题无必然联系推不出(如例③"这些剧种形成的诸因素")。

4. 论证中连续推理错误推不出(如例④"杀人罪行,理由是……")。

避免此类错误,首先要对客观事物之间的必然性联系有准确的了解,并且要掌握推理的各种形式及其规则。因为论证实际上就是推理的应用,之所以"推不出",或是因为前提不真,或是因为违反了有关推理规则,或是两种原因都有。

(八) 无 效 反 驳

——为什么不能驳倒"找对象不一定找花钱大方的"观点?

① 如今人民生活水平显著提高,有了更多获得感和幸福感。有人说"现在找对象,不一定找花钱大方的",这话貌似有理,其实行不通。在今天的生活中,要是只找花钱很小气的吝啬鬼,同这样的人在一起生活还有什么乐趣?我们虽然不应挥霍,过奢侈的生活,但总不能两个人成天为了花钱吵架。

五、论证方面的逻辑错误

[分析]

这段话原意是反驳"找对象,不一定找花钱大方的"观点,但是,反驳者却将对方观点(论题)偷换为"找吝啬鬼",然后说:"同这样的人在一起生活还有什么乐趣……"从而给以否定,企图达到反驳对方论题的目的。

其实,对方的论题"找对象,不一定找花钱大方的",不等于说要"找吝啬鬼"。"不找花钱大方的",其中意味着可找的对象有多种可能,也可找"既不吝啬,又能节省花钱的人"。反驳对方的论题,首先要准确理解对方的论题,不应任意予以改变或曲解。如果反驳者只能用偷换对方论题的手段进行反驳,只能表明反驳者找不到真正的理由驳倒对方。

② 有人说,××公司老板高某必有豪华住宅,因为,凡是公司老板都很有钱,他们都有豪华住宅,高某也不会例外。这种说法不对,因为并不是所有公司老板都有豪华住宅,有些老板也只有一般的商品房,所以,高某也不会有豪华住宅的。

[分析]

上面论述是对有人说"高某必有豪华住宅"的反驳。在反驳过程中运用了一个三段论推理:

有些老板不会有豪华住宅,

高某是老板,

所以,高某不会有豪华住宅。

这是一个三段论第一格推理形式,但是违反了"中项(老板)在前提中至少周延一次"的规则,"老板"在大、小前提中都不周延,犯了"中项不周"的逻辑错误,因而上述反驳无效。其实,只要指出对方所引用的大前提"凡是公司老板都很有钱,他们都有豪华住宅"不是一个真实判断,以此为大前提不能必然推出"高某必有豪华住宅"的结论(即对方要证明的论题),也就达到反驳目的了。但是,驳倒了对方的论据并不等于驳倒了论题,只能说明对方论证的论据错误,推不出必然结论。虽然能使对方的论题丧失根据而不能成立,也具有反驳作用,但是要彻底驳倒对方的论题("高某必有豪宅")还要再找有力的证据作出反驳。如果能有高某确无豪宅的事实证据,即可直接驳倒对方的论题,也是最有力的反驳。

[说明]

反驳是论证的一种特殊方式,它是根据已知的真实判断确定某一判断虚假的思维过程。实际上也是用证明去推翻对方证明的过程。因此,其反驳过程离不开对各种相关推理的运用,因此,如果推理失误,反驳就会无效。

"无效反驳"是在反驳过程中,违反论证规则,不能证明对方论题为假的错误。

上面举的病例有下列两种情况:

1. 反驳中篡改对方论题(如例①"找花钱很小气的吝啬鬼")。

2. 反驳中双方推理错误(如例②"凡是公司老板都有豪华住宅")。

避免此类错误,除从内容上要对事理有正确分析外,还要在逻辑上掌握反驳的方法和规则。反驳与证明的区别,就在于证明是确立论题为真,而反驳是确立论题为假。由于反驳和证明,在议论过程中经常是结合在一起运用的,因此,要找出议论中的反驳过程并能分析其正误,就必须掌握证明的各种方法和规则,才能分析准确到位。

五、论证方面的逻辑错误

案 例 举 隅

一 请君入瓮 指纹作证
——何时出示指纹是关键

某单位张会计办公室的保险箱被撬,全部现金被盗。公安人员在保险箱上取到指纹,查到了犯罪嫌疑人。审问时,犯罪嫌疑人处处狡辩,审判员不得不拿出了指纹作证。

问:"你不要抵赖了,你撬开了保险箱,偷走了现金,但留下了指纹。"(出示指纹证据)

答:"不错,可能是我的指纹,因事情发生后,大家都去看了,我也去了,还用手摸了保险箱。这能证明我撬了保险箱吗?"

显然,审判员这样出示证据,使自己陷于被动,给犯罪嫌疑人钻了空子。

[简析]

审判员之所以使自己陷于被动,其原因是进行了错误的推理:

如果你撬了保险箱,那么就有你的指纹,

现在有你的指纹,

─────────────────────

所以,你撬了保险箱。(不必然)

这是一个充分条件假言推理,但是犯了"肯定后件,从而肯定前件"的逻辑错误,结论不必然为真。

在侦查案情时,常常是先见到种种作案痕迹,然后进行推测。逻辑上可运用或然性的"回溯推理"进行推测,例如:

现在有你的指纹,

如果你撬了保险箱,那么就有你的指纹,

所以,你可能撬了保险箱。(或然推测)

回溯推理的特点是由果导因,结论或然,只能帮助推断,不能以此断案。因此,要使证据发生作用,不能急于出示证据,考虑不周就会陷于被动,必须设计好审问的思路,可用"请君入瓮"的办法,让犯罪嫌疑人自己堵死后路。比如,在另一相似案件中的审理过程:

问:案件发生后,你到哪去了?

答:我也跑去看了看。

问:你和谁一起去的,站在什么地方?

答:和小刘一起去,我俩站在门口。

问:到里面去了没有?(有意让嫌疑人为自己开脱)

答:小刘可以证明,我俩都没有进去,然后我俩一起离开。(开始入瓮)

问:是真的吗?(让嫌疑人将事实砸死)

答:一点不假。

问:在这之前,你到张会计那里去过没有?(堵后路)

答:没有。(嫌疑人完全推卸,但已入瓮)

问:你昨夜起来去哪里了?(提出作案时间,直逼要害)

答:我起来去小便,还碰上李师傅。

问:为什么到远离宿舍的会计办公室这边来小便?

答不出。

问:你说从未去过张会计处,可是保险箱上却留下了你的指纹,请看(出示指纹证据)。

犯罪嫌疑人终于在事实面前,无法抵赖自己的罪行。

由此案例可见,有时在证明过程中,何时出示论据才能真正起到论据的作用,也要费一番斟酌。

二　反证推断　米老认错
——牛眼中没有牧童身影

北宋的著名书画家米芾,善于鉴别书画的真伪。一天,有人拿来一幅唐代大画家戴嵩的《牧牛图》真品,要卖给他,要价太高,于是,他谎说留两天,研究一下真伪。米芾善于仿古临摹,几可乱真。当卖画人再来时,他拿出自己的仿画说,这不是真品,不买了。不料那人只扫了一眼,就大叫起来说这不是我的原件真品。因为戴嵩原件上的牛眼中还有牧童依稀晃动的身影,而米芾摹画仓促,没画出这传神之笔。米芾也只好认错道歉。

[简析]

卖画人认定米芾还的画不是真品,是用反证法证明的。证明过程是:

论题:米芾还的画不是真品。

设反论题:米芾还的画是真品。

论据:如果是真品,那么画上的牛眼中有牧童依稀晃动的身影。

　　　这幅画上没有看到牛眼中有牧童依稀晃动的身影。

结论:所以,这幅画不是真品。

论证方式:运用充分条件假言推理否定后件推出否定前件(与论题相矛盾的反论题),从而确定论题为真的反证法。

三　论据不足　无法封口
——要有令人心服的论据

毛泽东在《论持久战》中指出:

亡国论者看到敌我强弱对比一个因素,从前就说:"抗战必亡。"现在又说:"再战必亡。"如果我们仅仅说,敌人虽强,但是小国;中国虽弱,但是大国,是不足以折服他们的。他们可以搬出元朝灭宋,清朝灭明的历史证据,证明小而强的国家能够灭亡大而强的国家,而且是落后的灭亡进步的。如果我们说,这是古代,不足为据。他们又可以搬出英灭印度的事实,证明小而强的资本主义国家能够灭亡大而弱的落后国家。所以,还须提出其他的根据,才能把一切亡国论者的口封住,使他们心服,而使一切从事宣传工作的人们得到充足的论据去说服还不明白和还不坚定的人们,巩固其抗战的信心。

[简析]

我国抗日战争时期,有人宣扬"抗战必亡"和"再战必亡"的"亡国论"。当时人们用"敌人虽强,但是小国;中国虽弱,但是大国",作为论据来反驳"亡国论",虽然论据是真实的,但并不充分,只是看到敌我国家大小对比的一个因素,不足以说服亡国论者;因为他们可以从历史上举出一些小国灭大国的例子,驳倒批评亡国论者的论据。

因此,毛泽东指出:"还须提出其他的根据,才能把一切亡国论者的口封住,使他们心服。"这里清楚地表明批评"亡国论"的人,犯了"论据不足"的论证错误。逻辑规则要求,论据必须真实、充分,否则就会犯"论据虚假"或"论据不足"的错误。复杂的论题,往往需要多方面的论据予以论证,不但每条论据要真实,而且总体上要充分、全面。逻辑史上,逻辑基本规律中曾提出一条"充足理由律",主要也是对论证的要求,其内容就是对论题要有真实充足的论据,并且能从论据必然推出论题。

四 假言连锁　选言排除
——福尔摩斯逻辑思路探秘

福尔摩斯的探案故事,因其情节跌宕,引人入胜,更因其结构严谨,合乎逻辑,顺乎情理,而又出人意料。人们不禁要问:福尔摩斯能够出奇制胜,迅速破案的"诀窍"是什么呢?他的思考方法有什么奥秘吗?其实,在他与华生的多次对话中,多有揭示,那就是一种屡建奇功的法宝——建立在仔细观察基础上的"假言连锁、选言排除"的"回溯推理"论证法。例如:

有一次,福尔摩斯突然对华生说:"华生,你不打算在南非投资了,是不是?"华生吃了一惊。他虽然已习惯了福尔摩斯的各种奇特本领,但福尔摩斯如此突然地道破他的心事,仍使他惊异不已。

福尔摩斯向华生解释说:我看了你左手的虎口,就知道你不打算把你那一小笔资本投到金矿去。这是不难推断出来的。"第一,昨晚你从俱乐部回来,左手虎口上有白粉;第二,只有在打台球的时候,为了稳定球杆,你才在球杆上抹白粉;第三,没有瑟斯顿作伴,你从不打台球;第四,你在四个星期前告诉过我,瑟斯顿有购买某项南非产品的特权,再有一个月就到期了,他很想跟你共同使用;第五,你的支票簿锁在我的抽屉里,你一直没跟我要过钥匙;第六,你不打算把钱投资在南非。"(《福尔摩斯探案集》第四集、第53—54页)

福尔摩斯首先对华生说:"华生,你不打算在南非投资了,是不是?"实际上,这是福尔摩斯经过一系列推断得出的初步结论,也是提出了一个有待证明的论题:"你不打算在南非投资了。"从逻辑上分析,其推理的方法和步骤是:

第一步:必要条件假言推理肯定后件推出肯定前件式:

只有在打台球的时候,你虎口上才会有白粉(球杆上抹白粉),

昨晚你从俱乐部回来,左手虎口上有白粉,

所以,你一定去打台球了。

第二步:必要条件假言推理肯定后件推出肯定前件式:

只有瑟斯顿作伴,你才打台球(没有瑟斯顿作伴,你从不打台

球),

你去打台球了(根据第一步推理结论),

———

所以,你一定是与瑟斯顿作伴。

第三步:充分条件假言推理肯定前件推出肯定后件式:

如果你是与瑟斯顿在一起,那么你们会谈在南非投资问题(你在四个星期前告诉过我,瑟斯顿有购买某项南非产品的特权,再有一个月就到期了,他很想跟你共同使用),

你在与瑟斯顿作伴(根据第二步推理结论),

———

所以,你们会谈在南非投资问题。(有一定或然性)

第四步:不相容选言推理否定肯定式与充分条件假言连锁推理否定后件式:

你要么在南非投资,要么不在南非投资。(选言前提)

如果你在南非投资,那么你就要取钱;(假言前提1)

如果你要取钱,那么你就要取钥匙;(假言前提2)

如果你没有取钥匙,那么你就是不在南非投资了。(假言连锁推理的结论,从而否定假言前提1的前件"你在南非投资",进而否定选言前提不相容选言判断中的选言支"在南非投资")

———

所以,你不在南非投资了。(结论)

福尔摩斯通过这一系列的推导,完成了对一开始提出的"你不打算在南非投资了"这一论题的证明。整个回溯过程是一个由观察到华生手上有白粉,一直到推出结论"你不在南非投资了"。推理过程是运用假言推理以揭示事物之间的条件关系,辅以选言推理以排除其他可能,使结论逐步接近正确。连锁性和回溯性是这种推理思路的主要特征。

这种推理方法，在人们的日常生活中也有着广泛应用。福尔摩斯说："凡是异乎寻常的事物，一般不是什么阻碍，反而是一种线索。在解决这类问题时，最主要的是运用推理方法，一层层地回溯推理。这是一种很有用的本领。"（《福尔摩斯探案集》第一集、第136页）在福尔摩斯探案故事中，运用这种推理方法侦破各种疑难案件有着充分体现。

同时，我们也必须看到，任何主观上的推理，由于客观事物条件关系比较复杂，某些关系并非绝对必然，也会有不可预料的偶然因素发生，影响推断的准确性。福尔摩斯曾对华生说："我只是说出一些可能情况，并没想到会这样准确。"这正说明推断中包含着一定的或然性；但即使是或然性断定，往往也能提供出重要的线索。

逻辑上有一种或然性的假言回溯推理，例如：

  电灯不亮了，　　　　　　　　（现象）
  如果掉闸了，电灯就会不亮，　（充分条件假言判断）
  ―――――――――――――――――――――
  所以，可能是掉闸了。　　　　（结论或然）

这种或然性的推断，往往是获得真实结论的先导。在刑侦破案中，由观察到的各种现象推断可能的原因，多要应用此种回溯推理作为分析案情的先导。但必须注意的是，无论是或然还是必然性的推断，尤其是科学研究和法律审判方面的推断结论，毕竟仍然都是主观思维中的断定，最后都要由科学实验或确凿事实来验证，才能确证为真实可靠的结论。

六、谬误与诡辩

> 读史使人明智,读诗使人聪慧,演算使人精密,哲理使人深刻,伦理使人有修养,逻辑使人善辩。
>
> ——培根

谬误是指在思维和语言表达中所产生的一切逻辑错误。谬误可分为形式谬误和非形式谬误两大类。形式谬误是指违反各种逻辑规则的谬误,如以上各章中的"直接误推""三段误推""假言误推"等。非形式谬误是指除形式谬误以外的谬误,多为日常生活交往中的各种非形式论证谬误,如"以人为据""诉诸怜悯""诉诸无知"等。

非形式谬误的种类很多,逻辑界没有统一的划分。诚如美国逻辑学家罗伯特·J.克雷切所说:"不能找到一个理想的,从逻辑划分观点看极简单而可靠的谬误分类表。之所以办不到,原因在于此课题本身固有的困难。如同某作者指出的,非形式的谬误之所以不容易作完善的分类,正因为它们是非形式的,因为其中有些既属于逻辑领域,又属于心理学领域。"(罗伯特·J.克雷切著《大学生逻辑学》,宋文淦、李衍华、董志铁译,北京大学出版社1989年版,第20页)。本章所列非形式谬误主要是日常所见的语词歧义和非形式论证谬误(含诡辩),基本不涉及形式逻辑规则。

诡辩,也属于谬误,但它是故意违反事理而又貌似合乎逻辑的一种谬误论证。诡辩是谬误,而谬误并不都是诡辩。诡辩的特点在于"貌似合乎逻辑",具有故意欺骗性。在日常语言交流或论辩中,常会遇到各种不同类型的诡辩。由于它们常披以逻辑外衣,因而更需要用逻辑来破解。

下面介绍一些非形式谬误(包括"诡辩")共十八则。

(一) 语 词 歧 义

——为什么不能说"关于李白的诗"？

语词歧义：因词的多义造成不同断定的谬误。例如：

"关于李白的诗"。

既可理解为"关于李白自己写的诗"，也可理解为"内容与李白有关的诗"。如何避免语词歧义的谬误，亚里士多德在《辩谬篇》中指出：对于一个歧义的名词或歧义的表述，应该指明"在一种含义上它是这样的，而在另一种含义上它不是这样"。

(二) 诉 诸 人 身

——为什么不能推出"陈某不能被提拔"？

诉诸人身，也称"以人为据"：根据某人的身份、经历、言行等方面的某些情况，证明其人是否可信的谬误。例如：

某公司职员张某向公司经理说："陈某不能被提拔，因为他性格急躁，过去犯过错误，所以不能提拔。"

张某的论证过程是：论题是"陈某不能被提拔"，论据是"他性格急躁，过去犯过错误"，结论是"不能提拔"。论证方式是"充分条件假言推理的演绎论证"，其中省略了大前提"如果是性格急躁，过去犯过错误的人，就不能被提拔"，但这是一个不真实的判断，不能推出必然为真的结论。人有某些缺点,甚至过去有某些错误,并不能成为不能提拔的充分理由。

(三) 诉 诸 权 威

——为什么不能推出"专家说的没错"?

诉诸权威:根据某位专家的有关言论,证明某种言论是否可信的谬误。例如:

> 李某说:"今年下半年的房价一定会跌,因为有位经济学家这样说,所以我准备下半年买房。"

实际上,房价的变化受许多因素影响,有关专家的观点,也不能必然为真,只能供参考。

(四) 诉 诸 感 情

——为什么不能推出"请法院从宽处理"?

诉诸感情:从感情出发,提出某些根据来证明自己观点的谬误。例如:

> 吴大妈对法官说:"黄某虽犯盗窃罪,请从宽处理。因为黄某平时工作积极,乐于助人。老母患病,生活困难,真不忍心见他因一时糊涂犯罪入狱。"

吴大妈出于感情,为黄某说情,可以理解,但不能成为法律上"从宽处理"的依据。

（五）同语反诉

——为什么不能推出"你没有权利指责别人"？

同语反诉：用对方与自己相同的错误反推对方无权指责的谬误。例如：

林某指责高某说："你登在学报上的那篇文章是抄袭别人的，不该这样做。"高某对林某说："你没有权利指责别人，因为你去年也发过一篇抄袭别人的文章。"

高某认为"你没有权利指责别人"的理由，是"你去年也发过一篇抄袭别人的文章"。这种用对方的错误否认对方指责的说法，只能是为自己开脱，并不能否定自己的抄袭行为。

（六）诉诸众人

——为什么不能推出"三番两次说的事一定是真的"？

诉诸众人：根据若干人的相同看法推断该看法为真的谬误。例如：

老王患高血脂症，听朋友介绍说有一种降脂保健品很有效，开始不相信，后来又三番两次听人也这样说，于是就买来试用，服用了两个月也未见效果。

老王开始不信，三番两次听人这样说，就从不信到相信了。因为人有一种从众心理，说的人多了就容易相信，其实都只是听说，不能证明该保健品对自己有效。

（七）诉诸无知

——为什么不能推出"他在银行一定有存款"？

诉诸无知：根据不能证明某情况存在而推断其相反情况存在的谬误。例如：

某人说："他在银行一定有存款，因为，没有人能证明他在银行没有存款。"

这段话中，某人认为"他在银行一定有存款"的理由，是"没有人能证明他在银行没有存款"。如果一件事不能被证明，就等于没有证明，任何没有证明为真的判断，都不能作为有效论据进行推论。

（八）合举谬误

——为什么不能推出"我国乒乓球队一定能拿到女子团体冠军"？

合举谬误：把个体的属性推断到总体的谬误。例如：

在世锦赛上，我国乒乓球队一定能拿到女子团体冠军，因为女子队里的选手个个都打得好。

这种说法的论据不能成立，因为总体中每个个体如何不能推断出总体如何，总体如何还需要有其他有关条件。

（九）分举谬误

——为什么不能推出"高二甲班的学生个个都是优秀生"？

分举谬误：把总体的属性推断到个体的谬误。例如：

某中学高二乙班的学生个个都是优秀生,因为,高二乙班是全校的优秀班集体。

论题是"高二乙班的学生个个都是优秀生",理由是"高二乙班是全校的优秀班集体",但是,一个班被评为优秀班集体,不等于对班内每一个学生的评价,因此不能推断班内每一个学生都是优秀生。

（十）因 果 倒 置

——为什么不能推论"因为大家不喜欢,所以我歌唱得不好"?

因果倒置:将原因推断为结果的谬误。例如:

　　　有位歌手说:"我的歌唱得不好,是因为大家不喜欢听我的歌。"

论题是"我的歌唱得不好",理由是"大家不喜欢听我的歌"。其实,恰恰相反,是因为"我的歌唱得不好",才会出现"大家不喜欢听我的歌"的结果,显然是"因果倒置"了。

（十一）偶 然 关 联

——为什么不能推出"下次郊游,别选周日去"?

偶然关联:把偶然现象误作必然现象的谬误。例如:

　　　商量郊游时,有人说:"我们下次郊游,别选周日去,因为前两次选周日去,不是刮风,就是下雨。"

根据过去两次周日的情况,就推断以后周日也必然发生该情况,把偶然看作必然,是很不靠谱的。

（十二）样本谬误

——为什么不能推出"该市70%的市民有住房购买力"？

样本谬误：将小样本统计结果推断为大范围一般结果的谬误。例如：

> 某市一次调查市民住房购买力，经对城市中的政府机关干部、大中型企业职工的调查统计，得出70%的人买得起房的结论，于是就认为该城市70%的市民有住房购买力。

根据对"城市中的政府机关干部，大中型企业职工的调查统计"的结论，推断为"该城市70%的市民有住房购买力"的结论，这种根据小范围样本的情况推断为大范围一般的情况，显然是不准确的。

（十三）非黑即白

——为什么不能推出"不让我选最高层，就让我选最底层吗"？

非黑即白：将多种可能误认为只有两种极端可能并作出非此即彼的推断谬误。例如：

> 张先生要买一座高层楼房中的一套住房，选楼层时要选最高层的，妻子不同意。张先生说："不选最高层的，难道你让我选最底层的吗？"

实际上，选楼层时有多种可能，"最高层"和"最底层"是两种极端的选择，还有"中层"的许多选择。张先生反驳妻子说法时，无视其他选择，作出了"非此即彼"的推断，犯了"非黑即白"的谬误。

（十四）相对谬误

——为什么不应说"向您爱人问好"？

相对谬误：将相对性用语推断为普遍性用语的谬误。例如：

一次，去美国访问的中国某代表团一位副团长，向一位美国华裔老人问候家人时说："向您爱人问好！"老人听后表现得很不高兴地说："我这么大年纪，你怎么竟问起女友了！"

老人不高兴的原因在于："爱人"这个词在中国是对夫妻双方互相的称谓，而在美国是可指女友、情人等的称谓。把相对不同条件下有不同理解的语词，认为任何条件下都适用，就会犯"相对谬误"。

（十五）稻草人谬误

——为什么不能用"东城有塔"反驳"西城多塔"的观点？

稻草人谬误：歪曲对方论题后再反驳对方论题的谬误。例如：

某人在晚报上发表《东城有塔》文章中说，晚报《谈北京》栏刊登的《塔》一文中说："北京的塔多建在中轴线西侧。"北京的塔是都建在中轴线西侧吗？未必。然后又举出东城有塔的实例进行反驳。

《东城有塔》一文的作者在反驳《塔》一文中的"北京的塔多建在中轴线西侧"时，却将原句中的"多建"篡改为"都建"，然后加以反驳，提出了"东城有塔"的不同论点。其实说"北京的塔多建在中轴线西侧"与说"东城有塔"二者之间并无矛盾。争论问题时，有意或无意改变对

咬文嚼字的逻辑(修订版)

方的论题,然后加以反驳的做法,是一种不可取的"稻草人谬误"。

(十六)偷换概念的诡辩

——为什么张先生喝完价值10元的咖啡,却不付钱就走?

星期天,张先生在公园里游览了一天,又渴又饿,走进一家咖啡厅,要了一份价值10元的夹肉面包。这时,张先生问老板:"咖啡多少钱一杯?"老板答:"10元。"张先生说:"我现在渴比饿厉害,不要面包了,用它换一杯也是10元的咖啡,可以吗?"老板说:"当然可以。"于是,张先生退了夹肉面包,换来一杯咖啡。

张先生很快喝完了咖啡,起身正要走时,老板叫住了张先生说:"您还没付钱呢!"张先生说:"我不是用与咖啡等价的夹肉面包换的吗?"老板说:"您的面包并没付钱。"张先生说:"我并没有吃面包,而且退还给你,为什么要付钱?"老板一时语塞,不知该怎样说服张先生。

[分析]

诡辩是一种貌似合乎逻辑,实则违反逻辑的谬误论证。在这则诡辩故事中,张先生故意用"偷换概念"的手段,说得似乎很有道理,一时把老板弄糊涂了。

在张先生的思维中,把"未付钱的夹肉面包"偷换为"已付钱的夹肉面包",然后,把"已付钱的夹肉面包"换成与它等价的咖啡,造成咖啡已付钱的假象。当老板指出面包没付钱时,正中张先生下怀,振振有词地说:"面包没吃,当然不付钱。"掩盖了用面包换咖啡的事。其实,老板应指出:"你是用没付钱的夹肉面包换的咖啡喝,面包没吃不付钱,咖啡喝了当然要付钱。"

从用词上看,"换",可以有各种不同对象之间的"换"。张先生换

196

咖啡时,在思维中完成了一次偷换操作,即把实际上是"未付钱的面包",偷换为"已付钱的面包",再去换同价的咖啡,造成"偷换概念"的诡辩。

(十七) 双重标准的诡辩

——为什么刘教授教陈博士学法律,却拿不到另一半学费?

某研究生院毕业的陈博士,想进一步攻读法律,找到著名逻辑学家刘教授,拜师门下,学习论辩术。师生二人签订了学习协议,规定学习期限两年,先付一半学费,学成后第一次出庭为人辩护胜诉后,再付另一半学费。两年后,陈博士却迟迟未参与诉讼。刘教授为索取另一半学费,决定向法院起诉,对陈博士说:"如果我胜诉,按法院判决,你应付我另一半学费;如果我败诉,按协议规定,你也应付另一半学费。"陈博士却也针锋相对地说:"如果我胜诉,按法庭判决,我不付另一半学费;如果我败诉,按协议规定,我也不付另一半学费。"刘教授本想以诡辩手段难住学生,而陈博士却以子之矛攻子之盾,同样以诡辩手段回敬了老师。如果刘教授真到法院去告陈博士,法庭又该怎样处理。

[分析]

刘教授与陈博士之间,为付不付另一半学费的事,引起一场纠纷,表面上看似乎双方都讲得有道理,谁也不能难倒谁。其实,双方都在搞"双重标准"的诡辩。师生双方在论辩中都运用了一个二难推理。刘教授的二难推理是:

如果我胜诉,那么按法庭判决,你应付另一半学费,

如果我败诉,那么按学习协议,你也应付另一半学费,

或是我胜诉,或是我败诉,

总之,你应付我另一半学费。

陈博士的二难推理是:

如果我胜诉,那么按法庭判决,不付你另一半学费,

如果我败诉,那么按学习协议,也不付另一半学费,

或是我胜诉,或是我败诉,

总之,我不付你另一半学费。

虽然双方都运用了二难推理形式,而且前提中的假言判断都成立,但在各自的前提中,都对同一件事情使用了两个不同的标准。一会儿用"法庭判决"为标准,一会儿又以"学习协议"为标准,哪一个对自己有利就用哪一个。这就违反了对同一对象划分(付不付学费)只能用一个标准"法庭判决"或"学习协议"的逻辑原则,因而构成了"双重标准"的诡辩。由于双方都采取了较为复杂的二难推理形式,穿上了逻辑外衣,造成一种貌似合乎逻辑的假象,使人更难识破。

如果法庭审理此案,可先根据双方协议判老师败诉,因为在此之前没有学生胜诉的记录。然后,老师再以"学习协议"为依据,因已具备学生第一次胜诉的记录,要求学生付另一半学费。如果学生还表示不付,老师再去起诉,法庭则可根据"学习协议"中已有的学生第一次胜诉的记录,即可判学生应付另一半学费。

(十八) 重复计算的诡辩

——为什么黄女士拿价值一万的项链却要换价值两万的项链?

黄女士在一家珠宝店买了一条价值一万的项链,回家后又觉得不可心,第二天拿到珠宝店要求换一个价值两万的项链。黄女

士对店主说:"昨天已付过你一万,今天又拿一条价值一万的项链给你,一共是两万,请给我一条价值两万的项链。"店主用疑惑的眼光盯着黄女士,一时不知如何作答。

[分析]

黄女士的说法听起来似乎很有道理,实际是一种"重复计算"的诡辩。黄女士第一天买到的项链已付出一万,该项链已实现了自身的价值。如果要用它再来换其他的项链,只能换价值相等的项链。如果把它又当一万,再加上已付出的一万,作为两万来付款,等于对它的价值加倍计算了。店主应要求黄女士先退货,让黄女士拿回付出的一万,然后再买其他价值的项链。

店主也可以换一种说法说服黄女士:"昨天我已经给了你一条价值一万的项链,今天若再给你一条价值两万的项链,一共已是三万;而你昨天付给我一万,今天又给我一条价值一万的项链,一共也只是两万,还差一万呀!"这样说,把双方付出的价值都算清楚,自然也就找出中间的不等价差额了。

由上面对三种诡辩例子的分析,可以看出,要识破诡辩伎俩,需要具备一定的逻辑知识和辨析能力,才能有效地揭穿各种貌似合乎逻辑的诡辩谬误。

附　　录

自测逻辑纠错能力练习题五则（附参考答案）

尊敬的读者朋友：祝贺你以求知探索的精神、坚韧持久的耐力，胜利完成了逻辑之旅，终于到达了自觉思考者的彼岸。现在你一定很想知道自己的逻辑纠错能力如何？请再坚持上一个台阶，自我检验一下你的逻辑纠错能力能打多少分？下面有五段短文，请你指出每段中的五处逻辑错误，每处4分，每段5处共20分，五段共100分。

一、在不到两年多的时间里，他们基本上完成了《中国优秀传统文化丛书》的全部编辑工作，最后校对只发现有几个用错的词汇。出版社的发行部门已向全国发出征购订单，估计今年元旦前能与读者见面。

二、国庆节快到了，为了庆祝祖国68周年生日，我市在广场花坛布置了上千朵花卉，将有大型歌舞及近百余人的大型秧歌舞演出，还有跳集体舞、游园灯会等演出活动。

三、陈新是一名边防战士，守卫在远离祖国的边疆，已经历了七个岁月，虽生活艰苦，但作为一名解放军官兵，他深感使命光荣。他的岗位是时时刻刻不在把祖国利益放在第一位。

四、青少年都沉迷于网吧，这与网吧管理严不严不能不说没有关系。这次清理网吧，为了防止不走过场，组建了专门机构及监管机构，务求使清理网站的工作取得实效。

五、这次诗歌大奖赛获奖者中青年占大多数，许多选手都是诗歌和文学的爱好者。参赛选手能不能做好充足准备是能获奖的先决条件。参加评选的人要么投赞成票,要么投反对票,最后评出获奖者。参赛者如果会背的诗歌多,就能获奖,如果某选手未获奖,一定是因为他会背的诗歌少。

自测题参考答案

一、①"不到两年多",自相矛盾,可删去"不到"或"多";②"基本上……全部",自相矛盾,可删去"基本上"或"全部";③"用错的词汇",误用集合("词汇"),应将"词汇"改为"词";④"发出征购订单",概念混淆,"征购"应为"征订";⑤"估计今年元旦前",自相矛盾,可将"元旦前"改为"年底",或将"今年"改为"明年"。

二、①"祖国68周年生日",概念错用,可将"祖国"改为"新中国"或"中华人民共和国";②"上千朵花卉",误用集合("花卉"),应将"花卉"改为"鲜花";③"近百余人",自相矛盾,可去掉"近"或"余";④"将有大型歌舞及……大型秧歌舞",并列不当,应删去"大型歌舞及";⑤"跳集体舞、游园灯会等演出活动",概括不当,应将"演出活动"改为"群众活动"。

三、①"远离祖国的边疆",限制不当,可删去"远离"或改"祖国"为"北京";②"七个岁月",误用集合("岁月"),可将"七个岁月"改为"七年",或将"岁月"改为"年头";③"一名解放军官兵",误用集合("官兵"),应将"官兵"改为"战士";④"他的岗位是……把祖国利益放在第一位",主谓不合,可将"岗位"改为"信念";⑤"时时刻刻不在把祖国利益放在第一位",误用否定,可将"不在"改为"都",或将"时时刻刻"改为"无时无刻"。

四、①"青少年都沉迷于网吧",量项不当,可在句首加"有些"并去掉"都"字;②"这与网吧管理严不严不能不说没有关系",误用否定,应将"不能"后的"不"字去掉;③"防止不走过场",误用否定,应将"不"去掉;④"专门机构及监管机构",并列不当,应将"机构及"改为"的";⑤前面说清理"网吧",后面又说清理"网站",偷换概念,应将"网站"改为"网吧"。

五、①"……获奖者中青年占大多数",判断歧义,可在"获奖者中"与"青年"之间用","隔开;如是指"中年人和青年人",可在"获奖者"后加","隔开。②"诗歌和文学",并列不当,可删去"和文学";③"参赛选手能不能做好充足准备是能获奖的先决条件",误用否定,应删去"能不能";④"要么投赞成票,要么投反对票",选言不当,遗漏选言支"弃权票",可改为"或投赞成票,或投反对票,或投弃权票";⑤"参赛者如果会背的诗歌多,就能获奖,如果某选手未获奖,一定是因为他会背的诗歌少",假言误推,"会背的诗歌多"并不是"能获奖"的充分条件(临场的心理因素和反应能力等也是重要条件)。虽然充分条件假言推理,通过否定后件,推出否定前件的推理形式正确,但前提不真,推理无效。可改为必要条件假言推理肯定后件式:"参赛者只有会背的诗歌多,才能获奖,如果某选手获奖,一定是他会背的诗歌多。"